Library of
Davidson College

BURT FRANKLIN: RESEARCH & SOURCE WORKS SERIES
Theatre & Drama Series 27

LA TROUPE
DU ROMAN COMIQUE DE SCARRON
DÉVOILÉE
ET LES COMÉDIENS DE CAMPAGNE
AU XVIIe SIÈCLE

LA TROUPE
DU ROMAN COMIQUE

DÉVOILÉE

ET

LES COMÉDIENS DE CAMPAGNE

AU XVIIe SIÈCLE

PAR

Henri Chardon

BURT FRANKLIN
NEW YORK

Extrait du *Bulletin de la Societe d'Agriculture, Sciences et Arts de la Sarthe*.

Published by LENOX HILL Pub. & Dist. Co. (Burt Franklin)
235 East 44th St., New York, N.Y. 10017
Reprinted: 1972
Printed in the U.S.A.

Burt Franklin: Research and Source Works Series
Theatre and Drama Series 27

Reprinted from the original edition in the University of Illinois at Urbana, Library.

Library of Congress Cataloging in Publication Data

Chardon, Henri, 1834-1907.
 La troupe du Roman comique dévoilée et les comédiens de campagne au XVIIe siècle.

 Half title: La troupe du Roman comique de Scarron dévoilée et les comédiens de campagne au XVIIe siecle.
 Reprint of the 1876 ed.
 "Extrait (sauf le n° V de l'appendice) du Bulletin de la Société d'agriculture, sciences et arts de la Sarthe."
 1. Scarron, Paul, 1610-1660. Le Roman comique. 2. Theater—France. I. Title.
PQ1919.R7C5 1972   843'.4   72-81966
ISBN 0-8337-4032-6

AVANT-PROPOS

Cette esquisse des principales troupes de comédiens de campagne au XVIIe siècle, ébauchée à propos de la recherche de la véritable troupe de comédiens de passage au Mans, dont Scarron a fait le portrait dans son Roman comique, *est à la fois l'avant-propos d'un ouvrage de plus longue haleine sur Scarron et sur les personnages de son roman et un chapitre nouveau et vraiment inédit de l'histoire du théâtre au XVIIe siècle.*

Jusqu'à présent la troupe de Molière est la seule dont les pérégrinations aient préoccupé les chercheurs. Celle du sieur de Monchaingre (Filandre-Paphetin, de son double nom de théâtre) mérite à divers titres, on le verra, d'attirer l'attention des curieux. C'est cette troupe, contemporaine de Molière, et qui, comme la sienne, courait les provinces, du nord au midi, que j'ai particulièrement remise en lumière.

Les amateurs de l'histoire générale du théâtre trouveront dans cette étude un ensemble de renseignements inédits sur les comédiens de M. le Prince, sur les *comédiens de Mademoiselle, du prince d'Orange, du duc d'Épernon, du duc de Savoie, du maréchal de Villeroi, sur les Beauval, sans parler d'autres faits nouveaux relatifs à l'histoire de la troupe de Molière elle-même. Les curieux du Maine et de l'Anjou s'intéresseront plus particulièrement à celle du comédien renommé qui fit partie de la troupe comique du Mans, mise en scène par Scarron, et vint se fixer et mourir sur le sol de l'Anjou, Angevin qu'il était, sinon d'origine, au moins d'adoption. Ceux de la Bourgogne et du Lyonnais pourront goûter les chapitres qui ont trait à l'histoire, si riche en détails, du théâtre à Dijon, où je révèle la présence de la troupe de Molière au mois de juin 1657, et voir à l'œuvre la troupe des comédiens de MM. de Villeroi à Lyon, en même temps que les bibliophiles de Normandie pourront faire ample connaissance avec le rarissime* Voyage à Guibray, *ce roman comique presque ignoré du commencement du XVIII*e *siècle.*

Ce tableau des principales troupes de campagne au temps de Richelieu, de Mazarin et de la belle époque de Louis XIV, montre aussi que, grâce à la sève de vie provinciale qui circulait encore à travers la France, l'histoire du théâtre offre alors, en dehors de Paris, un intérêt qu'on ne retrouve plus dans les deux premiers tiers du siècle suivant, qui fut, par suite de diverses causes, une époque de décadence pour les troupes de province.

Si cette étude avait l'honneur d'obtenir l'estime et les suffrages des curieux, je me ferais un devoir d'étendre le cercle de mes recherches. Après avoir parlé, à propos d'une question toute spéciale, de ce que j'appellerai le dessus du panier et la fine fleur des comédiens de campagne, j'embrasserais d'un coup d'œil d'ensemble l'histoire du théâtre provincial au XVIIe siècle, en signalant même les troupes les plus modestes qui ont paru sur les divers points de la France, et j'aurais soin de ne pas oublier le théâtre des opérateurs de province, sur lequel j'ai déjà réuni plus d'un renseignement et qui, comme celui de Mondor et de Tabarin à Paris, mérite d'avoir enfin son histoire.

Marolles-les-Braux, 4 avril 1876.

LA TROUPE
DU ROMAN COMIQUE DE SCARRON

DÉVOILÉE

ET

LES COMÉDIENS DE CAMPAGNE

AU XVIIe SIÈCLE

CHAPITRE PREMIER.

La clef du *Roman comique*. — La troupe de comédiens mise en scène par Scarron. — La légende de cette troupe. Son identification avec la troupe de Molière par MM. Paul Lacroix, Fournel, Edouard Fournier, Moland. — Fausseté de cette légende. — Madeleine Béjart comparée à Mlle de l'Etoile. — Mme de Modène. Erreur sur son compte des historiens de Molière. — Les événements du *Roman comique* sont antérieurs aux pérégrinations de l'*Illustre théâtre*. — Le voyage de Scarron au Mans, en 1646, n'est qu'une passade. Sa lettre à Mme d'Hautefort. — La jeunesse de Scarron et le véritable temps de son séjour au Mans. — Date des origines du *Roman comique*. — Les rapports vrais de Scarron et de Molière. — Le testament de Scarron. — Le *Songe du resveur*.

Une des pages les plus curieuses de l'histoire du théâtre en France au XVIIe siècle, c'est certes le *Roman comique* de Scarron. Aussi les modernes historiens de notre théâtre ne se sont-ils pas fait faute de le citer. MM. Fournel, Despois, Moland, et bien d'autres, ont plus d'une fois fait appel aux différents chapitres de Scarron, comme aux témoins les plus vrais de l'état de la scène et des mœurs des comédiens de province, à l'époque qui précéda la mort de Mazarin et qui fut, au lendemain de la protection de Richelieu, comme le beau temps des comédiens et surtout des troupes de campagne.

Néanmoins on n'a pas cherché à lire entre les lignes de l'œuvre de Scarron considérée comme roman de théâtre, et à deviner quelle troupe avait posé devant lui pendant son séjour dans le Maine. M. V. Fournel s'est un instant préoccupé de la clef du *Roman comique* en tant que roman de mœurs provinciales. Il a cité le résumé d'une prétendue clef trouvée par M. Paul Lacroix, le savant conservateur de la bibliothèque de l'Arsenal, et que je ferai bientôt connaître en son entier ; mais il n'a pas cherché, dans son édition de la burlesque épopée de Scarron, à dénouer les cordons des masques de Destin, de Mlle de l'Étoile, d'Angélique, de la Rancune, ni des autres comédiens de la troupe comique.

A la veille de publier un volume sur Scarron, son séjour dans le Maine et son *Roman*, dont je crois avoir deviné la véritable clef, bien différente de ce que j'appellerai la fausse clef de l'Arsenal, et aussi de la fausse clef mancelle, que se sont transmise traditionnellement de rares curieux du Maine depuis le milieu du xviii° siècle, j'ai essayé d'avoir la main aussi heureuse pour les acteurs de sa troupe de campagne que je crois l'avoir eue pour les personnages provinciaux qu'il a mis en scène d'une façon si plaisante. C'est le résultat de ma découverte relative à la troupe du *Roman comique*, que je viens soumettre dès aujourd'hui à ceux qui, à l'exemple de MM. Paul Lacroix, Ed. Fournier, V. Fournel, Soulié, Ed. Thierry, L. Moland, Despois, Bonassies, etc., etc., sont curieux de connaître les détails de l'histoire de notre ancien théâtre.

Avant de mettre la dernière main à mes études sur Scarron et sur son œuvre la plus vivace, je serais heureux d'avoir des renseignements, non pas plus concluants mais plus complets, je ne dirai pas sur l'identité, mais sur la composition de la vraie troupe de campagne qu'il a peinte dans son *Roman*.

Les caravanes des comédiens de province erraient sans relâche à travers la France. En présence de ces allures nomades et de la mobilité de leur personnel, il est bien difficile d'arriver à connaître l'ensemble des acteurs dont se compose une troupe à un moment donné. Ce n'est qu'en éveillant l'attention des *curieux* provinciaux, en provoquant quasi une enquête sur les pérégrinations et la composition de la troupe du *Roman comique*, qu'il sera possible d'arriver à une preuve plus complète que celle que j'apporte aujourd'hui. Cette enquête, on l'a faite pour Molière, pour ce qui a été appelé par son biographe allemand, M. Paul Lindau, ses années d'apprentissage et de voyage. Grâce au concours des curieux de province mis en éveil par les travaux des Taschereau, des Bazin, des Soulié, on commence à voir quelque peu clair dans les pérégrinations du grand comique qui ont précédé son retour à Paris (1). Puisse-t-il en arriver de même pour la troupe du *Roman comique*, dont je viens ici faire connaître quelques-uns des comédiens !

C'est le but que j'ai surtout en vue en révélant le premier mot de l'énigme que je crois avoir devinée. Ai-je été bon devin ? je le pense. Aurais-je fait fausse route, qu'on me pardonnerait, je l'espère, en reconnaissant que du moins j'ai fait pénétrer un rayon de lumière dans la nuit qui enveloppe les troupes de campagne autres que celle de Molière, et qu'il m'a été donné même de redresser, en chemin, plus d'une erreur relative aux personnages de cet *illustre théâtre*.

Je me trompais tout à l'heure, en disant qu'on ne s'était nullement préoccupé des comédiens dont la rencontre avait pu

---

(1) Qu'il me suffise de rappeler les heureuses découvertes de MM. Péricaud et Brouchoud, à Lyon ; F. Bouquet et Gosselin, à Rouen ; Benjamin Fillon, dans l'Ouest ; Paul Raymond (Emmanuel Galibert), Magen et Louis Lacour (de la Pijardière), dans le Languedoc, etc., etc. On trouvera, du reste, dans la 2e édition de la *Bibliographie Moliéresque*, l'indication complète des nombreux travaux faits dans ces derniers temps en province, sur la troupe de Molière.

donner à Scarron l'idée de les introduire dans son *Roman*. Il s'est formé à leur égard, dans ces vingt dernières années, une véritable légende qu'on s'est empressé d'accueillir tout d'abord, sans prendre la peine de la contrôler. On répète maintenant de tous côtés que la troupe qui a posé devant Scarron, n'est autre que celle de l'*Illustre théâtre*, celle que les Béjart et leurs associés avaient formée le 30 juin 1643 avec le jeune Poquelin, épris des beaux yeux de Madeleine Béjart, et qui, après les insuccès répétés et les malheurs qu'elle avait éprouvés à Paris, s'était mise à courir les provinces à partir de 1646.

Nous allons assister à la formation et au développement de cette légende.

M. Paul Lacroix, qui me semble lui avoir donné naissance, termine ainsi un de ses chapitres de *la Jeunesse de Molière* (1) :

« Nous consignerons ici, sans l'approfondir aujourd'hui, une observation que nous a suggérée dès longtemps la lecture du *Roman comique* de Scarron, qui composa cet ouvrage de 1646 à 1652, dans le prieuré que M. de Lavardin, évêque du Mans, lui avait accordé à la sollicitation de Mme d'Hautefort.

« Scarron avait vu Molière et sa troupe à leur passage dans le Maine. On a la preuve que cette troupe de comédiens était à Nantes en 1648. Ce fut en 1646 ou 47 que Scarron, après avoir pris possession de son bénéfice, forma le projet de son roman : « Des comédiens étaient alors au Mans, » dit l'auteur de sa vie (édit. de ses Œuvres, 1752), « et il n'en fallut pas davantage pour mettre son imagination en train. » Scarron, qui ne s'était encore fait connaître que par des poésies, prit le goût du théâtre et s'essaya bientôt dans la comédie.

« N'est-il pas très-probable que la troupe de Molière lui donna l'idée et les principaux éléments de son *Roman comique*, qui ne parut qu'en 1654 ? Ne pourrait-on pas retrouver parmi les personnages de ce roman quelques-uns des comédiens de cette troupe….?

---

(1) *La Jeunesse de Molière*, 1858, p. 83.

« Le *Roman comique* a tous les caractères d'un tableau fait d'après nature ; ce ne sont pas des portraits de fantaisie, et il ne serait pas impossible de découvrir dans la troupe de Molière les types de Destin, de la Rancune et de l'Olive, ainsi que ceux des demoiselles de l'Etoile, de la Caverne et de l'Estang (1). »

M. Paul Lacroix, qui persévère encore aujourd'hui dans les mêmes sentiments, a vu son opinion ou son hypothèse adoptée par la plupart des historiens de Molière.

En 1862, M. Victor Fournel, dans sa *Litterature indépendante*, ajoutait à son étude sur Scarron cette page qui ne figure pas dans l'introduction placée en tête de son édition du *Roman comique* (2) :

« Il serait piquant de retrouver la troupe comique qui a posé devant lui. Que serait-ce donc si l'on pouvait démontrer que cette troupe est celle avec laquelle Molière, à peu près inconnu, courait alors la France ! Quelques considérations semblent militer en faveur de cette conjecture que je signale aux nombreux et passionnés historiographes de Molière. » Ici M. Fournel reproduit littéralement les dires de M. P. Lacroix et il ajoute : « Il en suit que Molière pouvait parfaitement, entre 1646 et 1648, être dans la ville du Mans qui se trouve justement en un point intermédiaire sur le chemin de Paris à Nantes. Du reste, les troupes qui couraient

---

(1) Sans vouloir insister sur toutes les erreurs échappées ici à M. P. Lacroix, j'indique cependant que c'est en décembre 1636, et non pas en 1646, que Scarron prit possession, au Mans, de son canonicat ; que, dès 1643, il avait le goût de la comédie, puisqu'il publiait alors *Jodelet ou le maître valet* ; qu'il eut au Mans un canonicat et non un prieuré, que Mme d'Hautefort ne contribua nullement à lui faire obtenir, et que Mg^r Charles de Beaumanoir mort dès 1637, et non son neveu, l'évêque Philibert de Lavardin, lui accorda. Enfin, on sait qu'il n'y a pas de demoiselle de l'Estang dans le *Roman comique*, dont la première partie parut dès 1651, et que c'est la fille du pâtissier-acteur Ragueneau, plus tard femme de La Grange, qui portait ce nom de théâtre.

(2) La *Littérature indépendante et les écrivains oubliés*, 1862, in-8°, p. 268.

alors la province, en dehors de cellesdes opérateurs, auxquelles on ne peut songer ici, étaient assez peu nombreuses pour que cette hypothèse acquière un degré de vraisemblance de plus. Si les personnages qui composaient la troupe de Molière étaient mieux et plus intimement connus, on y retrouverait peut-être, en tout ou en partie, les originaux des types de Scarron ; mais, dès maintenant, ne serait-il pas permis, sans trop de témérité, de rapprocher dans ses lignes générales la figure même du jeune Poquelin, qui s'était fait comédien par amour pour Madeleine Béjart, de celle du Destin que sa passion pour Mlle de l'Étoile a poussé à la même résolution ? Comme Molière, encore, le Destin est jeune, bien fait, de noble mine, d'un caractère plutôt porté à la tristesse et à la contemplation qu'à la joie, d'un esprit plus élevé et d'une meilleure naissance que ses compagnons. Je me borne à indiquer ce rapprochement sans m'y appesantir..... Peut-être la découverte de quelque nouveau document relatif aux pérégrinations de Molière viendra-t-elle un jour transformer en certitude ce qui n'est aujourd'hui qu'une conjecture assez vraisemblable. »

On voit que la conjecture avait fait la boule de neige en chemin, et qu'on l'étayait de quelques arguments spécieux.

L'année suivante, M. Edouard Fournier se mettait aussi de la partie et ajoutait d'autres considérations à l'appui :

« La vie des comédiens de l'*Illustre théâtre*, dit-il (1), dans ces courses errantes rappela souvent les péripéties du *Roman comique*. Aussi, comme en se dirigeant vers Nantes ils purent passer dans le Maine où Scarron a placé les scènes de son épopée grotesque ; comme d'un autre côté l'évêque du Mans, M. de Lavardin, ami de Scarron et tenant de fort près à M. de Modène, pouvait avoir intérêt à faire tourner en ridicule cette troupe de comédiens et de comédiennes où le baron s'était presque mésallié, on a pu penser, non sans quelque

---

(1) *Roman de Molière*, p. 53.

raison, que les héros et les héroïnes de la burlesque Odyssée étaient de la troupe de Molière (1). »

De même, M. Louis Moland, à la même époque, dans sa préface aux *OEuvres de Molière*, nous montre dans la vie des comédiens de campagne, décrite par Scarron en son fameux *Roman*, la peinture fidèle de ce que devait être la destinée et la fortune de la troupe ambulatoire de Molière. Étendant plus loin, et à un point plus incertain, la conjecture et l'induction, il se complait à se demander si, comme l'a dit Sainte-Beuve, il n'y a pas de rapport, de reflet plus directs de l'un de ces groupes comiques à l'autre et si Scarron, du temps qu'il était au Mans, n'a pas eu l'occasion d'y voir cette troupe de passage des Béjart (2).

Cette conjecture a plu en général à la critique, qui, de son côté, ne s'est pas donné la peine de la vérifier, et elle a si bien fait son chemin parmi les lettrés, qu'elle a conquis auprès de bon nombre d'entre eux plein droit de bourgeoisie (3).

Eh bien ! j'en demande pardon aux savants historiens de notre théâtre, à ces habiles et fins chercheurs, à ces patients investigateurs de la vie de Molière, la plupart du temps si heureux dans leurs découvertes et à qui les curieux doivent une si vive reconnaissance. Eh bien ! ce n'est là, je le répète, qu'une simple légende, complétement en désaccord avec l'histoire vraie du *Roman comique*, et dont tout concorde à établir le peu de fondement et le défaut d'authenticité. Il y a tout

---

(1) Je dirai plus bas ce qu'il faut penser du rôle qu'on fait jouer ici au baron de Modène ; mais je ferai remarquer tout de suite que Mgr de Lavardin ne devint évêque du Mans qu'en 1649.

(2) *OEuvres complètes de Molière*, Garnier, 1863, t. Ier, p. LIV et suiv. C'est même M. Moland qui, après avoir dit que la troupe qui mit en train l'imagination de Scarron était peut-être celle de Molière, a relevé le plus de ressemblances entre les deux troupes, et indiqué les conversations de Destin avec M. de la Garouffière comme un germe des *Précieuses ridicules* et des *Femmes savantes*.

(3) Voir entre autres M. E. Deschanel, *La vie des Comédiens*, p. 9 et 153; Soleirol, *Molière et sa troupe*, p. 4 ; Mme du Parquet, *Le roman en France* (*Revue des Deux-Mondes*, 1862, t. IV, p. 462), etc., etc.

à la fois impossibilité dans les caractères des personnages, dans leurs situations, comme dans les dates des événements, impossibilité morale comme impossibilité physique d'identifier la troupe des Béjart avec celle dont Scarron a fait le portrait dans son joyeux Roman.

Qu'en voyant Destin, ce jeune homme riche de mine, excellent comédien, entré tout récemment dans la troupe comique pour les yeux d'une belle Chloris, ayant bien de l'esprit, faisant voir qu'il avait été bien élevé, sachant discourir avec autant de sens que de finesse des choses du théâtre, de la littérature, du monde même, au point d'étonner M. de la Garouffière, ne parlant guère de son naturel, et même un peu taciturne ; qu'en voyant ce comédien *honnête homme*, peint avec une touche si délicate par Scarron, on se soit pris à songer tout de suite au jeune Poquelin, entrant aussi pour les beaux yeux de Madeleine Béjart dans l'*Illustre théâtre*, devenu bientôt la plus fameuse des troupes de campagne, courant les provinces pendant une douzaine d'années sur le chariot de Thespis ; qu'on ait songé à celui qui devait être Molière, *le contemplateur*, le mélancolique, le rêveur, l'*hypocondre* même, comme disent ses ennemis, on conçoit fort bien que cette idée soit venue naturellement à l'esprit, et qu'elle ait entraîné même un instant les curieux, par ce qu'elle avait de spécieux et de séduisant ; mais elle ne saurait résister longtemps à un sérieux et complet examen.

Est-ce en effet Madeleine Béjart, cette franche coquette, aussi célèbre par ses galanteries que par son talent de comédienne, l'actrice volage, fameuse par ses nombreuses amours au Marais dans l'impasse Thorigny, comme au Languedoc, la maîtresse avouée du comte de Modène, qu'on peut comparer à Mlle de l'Etoile, dont Scarron dit qu'il n'y avait pas au monde de fille plus modeste, d'une humeur plus douce, et que Destin vivait avec elle dans le plus grand respect du monde, qu'elle était fort sage et qu'elle paraissait plutôt fille de condition que comédienne de campagne ? Y a-t-il rien dans les aventures bien connues de la Béjart, qui s'était de bonne heure fait un nom parmi les demoiselles du Marais, qui avait lancé ses vers et peut-être ses œillades à la tête de Rotrou, qui avait fait la bonne fortune de bien des galants, qu'on puisse rapprocher de la vie de la douce l'Etoile? Y a-t-il le plus léger trait de ressemblance entre la vie de sa mère Mlle de la Boissière, dont Scarron raconte l'existence semée de traverses à Rome, et celle de la mère de Madeleine, Marie Hervé, douée d'assez de complaisance et d'assez peu de sens moral pour tenir elle-même sur les fonts de baptême l'enfant de sa fille et du comte de Modène, en 1638? La troupe comique aurait-elle pu un seul instant se prêter à regarder comme frère et sœur Molière et la Béjart, bien connue de vieille date déjà dans le monde comique et que Magnon, en 1647, appelait la plus malheureuse et l'une des plus intéressantes comédiennes de France?

Quant à identifier Molière avec le jeune Léandre, échappé du collége de La Flèche, et amoureux d'Angélique, la fille de la Caverne, il n'y faut pas songer un seul instant. Le portrait de l'apprenti comédien est trop effacé, trop terne pour se rapporter à Molière. Ni la jeune Angélique qui n'a que seize ans, ni sa mère la Caverne, dont Scarron a laissé malheureusement inachevée la biographie, ne peuvent non plus poser un seul instant pour la Béjart ou pour sa mère Marie Hervé, la femme du procureur Béjart.

J'ajoute que la composition de la troupe de Molière et de Dufresne, bien connue enfin dans ces derniers temps, le nombre et la qualité de ses personnages, ne permettent pas un seul instant de la confondre avec celle du *Roman comique*, ce qui pouvait arriver il y a vingt ans encore (1).

(1) Je parle ici de la troupe de Dufresne après sa jonction avec celle de Molière, connue à partir de 1648 ; car, au contraire, il y a lieu d'examiner si Scarron n'a pas eu en vue la troupe de Charles Dufresne, que l'on n'a rencontrée toutefois jusqu'ici qu'à partir de 1643, à Lyon. Dufresne n'était pas né loin du Maine. Apres avoir quitté le théâtre à Pâques 1659,

L'*Illustre théâtre* ne paraît pas non plus être jamais allé en Hollande, tandis que la troupe de Scarron y avait séjourné avant de venir dans le Maine.

Il n'y a, en un mot, ni ressemblance dans les caractères ou dans la condition des personnages, ni aucune vraisemblance dans le rapprochement qu'on a tenté. Il y a enfin ce que j'ai appelé une impossibilité morale, ressortant de la situation de Madeleine Béjart vis-à-vis de la femme de son amant, vis-à-vis de Mme de Modène, veuve en premières noces du marquis de Lavardin, qui continuait à habiter le Maine, au château de Malicorne, et était encore la plus grande dame de la province.

C'est ici, en effet, qu'il me faut redresser une erreur échappée à presque tous les historiens de la vie de Molière.

Voyant le comte de Modène afficher publiquement, le 3 juillet 1638, sa liaison avec Madeleine Béjart, au point non-seulement de se reconnaître comme père d'une fille dont elle était la mère, mais de faire tenir cette enfant sur les fonts de

---

il se retira à Argentan, son pays natal, dit le *Journal* de La Grange. Il appartenait à la famille des Dufresne, peintres d'Argentan, dont on retrouve encore aujourd'hui des tableaux dans les églises du Maine. M. Hillemacher l'a même confondu avec le peintre Charles Dufresne de Postel, fils de Claude, bien que les dates ne permettent pas cette identification, puisque le peintre, homonyme de l'acteur, n'est né qu'en 1642 comme le prouvent les renseignements communiqués à M. E. Soulié, par M. de Chennevières. (Voir Hillemacher, *Galerie de la troupe de Molière*; *Molière et sa troupe à Lyon*, par M. Eudore Soulié, 1866, in-8°, pp. 5, 10 et 19 du tirage à part.)

Le comédien, poëte et auteur de romans Nicolas-Marie Desfontaines, qui fait songer à Roquebrune, du *Roman comique*, et qui connut certes, lui aussi, Denys Beys, faisait partie de la troupe de Dufresne à Lyon en 1643. On le retrouve en 1644, à Paris, dans la troupe des Béjart. La plupart de ses pièces de théâtre et de ses romans vont de 1637 à 1647. On trouve, cependant, dès 1632, de ses vers en tête des *Passions égarées* du poëte saumurois Richemont Banchereau, à côté des vers de Racan, de Mairet et de Gombauld.

Je reviendrai, en parlant de Roquebrune, sur le compte de cet auteur si fécond, que les historiens de la troupe de Molière n'ont pas assez pris la peine de faire connaître.

Saint-Eustache par son propre fils Gaston de Modène, né de lui et de Marguerite de la Baume-Suze sa femme, veuve du marquis de Lavardin, les biographes de Molière ont cru, sinon justifier, du moins expliquer et atténuer cette absence complète de sens moral chez le jeune gentilhomme, en disant que sa femme était morte alors, et que, devenu libre de tout lien, il révélait ainsi l'intention d'épouser bientôt sa maîtresse.

M. Paul Lacroix a cru que le comte de Modène devait être veuf alors (1). M. Edouard Fournier, tout en faisant mourir seulement Mme de Modène vers 1641, dans son *Roman de Molière*, dit que Madeleine Béjart pouvait dès lors tout espérer de son amant et aspirer à sa main. Dans sa conférence du mois de mai 1873 sur la famille et l'enfance de Molière, il ajoute qu'en 1643 Madeleine était revenue à Paris « pour suivre près du comte de Modène des espérances de mariage, dont quatre ans auparavant la naissance d'une fille reconnue par lui avait été le gage (2). »

Comme la plupart des auteurs qui ont parlé du monstrueux acte de baptême du 11 juillet 1638, M. Eudoré Soulié a cru, lui aussi, que M. de Modène était libre de contracter alors une seconde union, et qu'il pensait sans doute à régulariser par le mariage la position de Madeleine Béjart, ce qu'indiquait le choix si singulier du parrain et de la marraine de l'enfant (3). Soleirol fait même mourir la femme du baron de Modène des suites de sa couche, au lendemain de la naissance de leur fils, l'année d'après leur mariage qui avait eu lieu le 10 janvier 1630 (4).

---

(1) Voir *La Jeunesse de Molière*, p. 44.
(2) *Revue politique et littéraire*, du 24 mars 1873.
(3) *Recherches sur Molière*, p. 72-73. M. Jal, du moins, dit qu'il ne sait si Mme de la Baume était morte quand son mari afficha ainsi sa passion pour la Béjart, mais qu'il l'espère pour l'*honorabilité* assez compromise de M. de Modène.
(4) *Molière et sa troupe*, p. 80 et 110. Il est surprenant que M. Fortia d'Urbain, qui a écrit l'histoire du comte de Modène, d'après les archives de la famille, soit tombé aussi dans les mêmes erreurs.

Eh bien ! c'est une erreur. Mme de Modène, Marguerite de la Baume, vivait encore alors, et ne mourut que longtemps après, en 1649.

Veuve du marquis de Lavardin, mort prématurément le 1er février 1620, elle n'avait pas su rester fidèle au beau nom de Beaumanoir. Elle s'était remariée à ce jeune fou de baron de Modène, d'une famille du comtat Venaissin, à qui la rattachait sans doute l'origine provençale de sa propre famille. Esprit de Raymond de Mormoron, baron de Modène, attaché à Gaston d'Orléans, frère de Louis XIII, en qualité de page, puis de chambellan, et aussi ami du plaisir et de la débauche que l'était son maître, l'avait rendue mère, en 1631, d'un fils Gaston-Jean-Baptiste, tenu sur les fonts par le duc d'Orléans lui-même. Mais le baron se livrant tout entier à sa vie de folies, les deux époux durent se séparer en fait d'assez bonne heure et vivre probablement étrangers l'un à l'autre. On voit la plupart du temps Mme de Modène dans le Maine, tandis que son frivole mari vit à Paris au milieu d'acteurs et de poëtes bohèmes, de danseurs et de musiciens, est aux pieds de fameuses comédiennes ou prend part aux conspirations et aux aventures du comte de Soissons, de Gaston d'Orléans, ou du duc de Guise.

Mme de Modène était restée dans le Maine, au château de Malicorne qui faisait partie de son douaire et où furent élevés les enfants de son premier mariage, l'abbé de Lavardin, futur évêque du Mans, le marquis, son fils aîné, mort à vingt-huit ans, en 1644, d'une blessure reçue au siége de Gravelines, et la belle Madeleine qu'épousa le comte de Tessé et pour laquelle avait soupiré d'Armentières (1).

(1) On voit cependant les amis de son second mari pénétrer jusqu'auprès des enfants de son premier mariage. C'est ainsi qu'on trouve une lettre de Tristan l'Hermite adressée à la jeune Mlle de Lavardin dès avant 1638, c'est-à-dire pendant que vivait encore son oncle l'évêque Charles de Beaumanoir. Voir *Lettres meslées du sieur de Tristan*, Courbé, 1642, in-8°, p. 41 : « A Mlle de Lavardin, en luy donnant un livre de principes de cosmographie ». Tristan dans le *Page disgracié*, 1643, in-8°,

L'année même où son second mari, âgé de trente ans, se compromettait bassement et avait l'inconvenance et l'impudeur de compromettre le nom de son jeune enfant dans une intrigue de coulisses, Mme de Modène assistait, ainsi que le constatent les registres paroissiaux de Malicorne, au mariage de sa fille Madeleine de Beaumanoir qui fut unie, dans la chapelle du château, le 8 novembre 1638, au comte de Tessé. Scarron eut bien soin de ne pas l'oublier dans l'épithalame qu'il fit à ce propos :

« O Grand'dame de Malicorne (1)... »

Plus tard on la voit marraine de sa petite-fille Marguerite de Froullay-Tessé, à Malicorne, le 8 avril 1642. Au Mans, le 12 août 1644, paroisse de Saint-Vincent, elle tient sur les fonts son petit-fils Henri-Charles de Beaumanoir-Lavardin. Enfin les registres de Malicorne mentionnent ainsi la mort de la douairière de Lavardin :

« Marguerite de la Baume, épouse en secondes noces de M. de Modène et en premières noces de M. le marquis de Lavardin, confessée et contrite, non communiée à cause d'un mal de cœur qu'elle avait continuellement, ointe des extrêmes onctions, fut inhumée dans le chanceau de l'église de céans le 9 février 1649 (2). »

Le 10 février, le doyen du Chapitre de l'église cathédrale du Mans fut prié, par ses confrères, de visiter M. de Lavardin, nommé évêque du Mans par le roi, sur le décès de Mme de Modène sa mère. Ce jour-là et le lendemain un service solennel fut célébré en l'église Saint-Julien (3).

Quinet, 2e partie, p. 426, parle précisément de ses connaissances en cosmographie. Plus tard, il célébra encore en vers Mlle de Lavardin, devenue Mme la comtesse de Tessé. Voir *Meslanges du sieur Tristan*, p. 90.

(1) V. Epithalame du comte de Tessé et de Mlle de Lavardin, *Œuvres de Scarron*, t. VII, p. 206. Edition Bastien, 1787, in-8°.

(2) Extrait des registres de la paroisse de Malicorne.

(3) Extraits des registres inédits du chapitre de Saint-Julien. L'abbé de

Mme de Modène, mère du nouvel évêque, avait aussi été la belle-sœur de l'évêque Charles de Beaumanoir, qui n'était mort qu'à la fin de 1637 et dont le grand souvenir était vivant encore dans tout le Maine. Les parents de son premier mari continuaient d'y exercer les premiers emplois de la province; tout faisait une loi au Chapitre de ne pas lui laisser quitter ce monde sans l'honorer de ses prières.

Peut-on croire maintenant que la Béjart, malgré sa vanité et son absence de scrupules, eût osé affronter le Maine, la présence de Mme de Modène qu'elle avait si cruellement offensée et comme femme et comme mère, et celle des Lavardin qui remplissaient la province et connaissaient à fond ses aventures.

Si, à l'époque à laquelle les historiens de Scarron et de Molière rapportent le passage de la troupe comique dans le Maine (1646-1648), M. de Modène était bien loin de la France, hors de laquelle l'avait entraîné le romanesque duc de Guise, parti en guerre à la conquête d'un royaume, la Béjart qui ne l'avait pas oublié, malgré ses nouveaux liens, et qui devait plus tard devenir simplement son amie et son homme d'affaires, n'avait pas intérêt à compromettre dans le Maine le nom de son ancien amant. Elle devait chercher, pour rétablir la fortune de ses associés déjà si fortement atteinte, une province qui dût être plus hospitalière à sa troupe, et où elle ne dût pas rencontrer tant de préventions et de motifs même d'expulsion (1).

Lavardin, nommé évêque du Mans après le décès de M. de La Ferté, n'était arrivé que le 22 janvier au Mans, qu'il fut bientôt obligé de quitter momentanément par suite de la Fronde. Il tenait le parti de la cour ainsi que les membres de sa famille, le baron de Lavardin, lieutenant pour Sa Majesté dans le Maine, le marquis de Jarzé, etc.

(1) Les expulsions de comédiens étaient même assez fréquentes. En 1630, on voit une troupe de comédiens expulsée d'Angers par l'hôtel de ville. En 1662, le prince de Conti empêche de se fixer à Uzès une autre troupe qui passe le Rhône pour se retirer en Provence. Voir *Lettres de Racine*, du 5 juillet, t. VI de ses Œuvres, p. 497, Edition des grands écrivains de France. Les registres municipaux de Dijon contiennent un assez grand

Quant à l'évêque de Lavardin, sans parler en ce moment de l'impossibilité des dates, quant à l'évêque de Lavardin, fils de Mme de Modène, c'eût été de sa part une singulière manière de se venger de la Béjart, ou du baron, que d'appeler l'attention sur la rivale de sa mère et de la vouer à l'immortalité en la faisant peindre par Scarron de la façon que chacun sait. M. Fournier, en disant qu'il « pouvait avoir intérêt à faire tourner en ridicule cette troupe de comédiens et de comédiennes où le baron s'était presque mésallié, » a oublié que Destin, l'Etoile, Angélique, la Caverne, Léandre, n'étaient rien moins que ridicules, avaient au contraire les beaux rôles du roman et que Mlle de l'Étoile, entre autres, y était peinte sans ombres et en pleine lumière. Scarron, de son côté, l'ancien *domestique* de l'évêque de Beaumanoir, l'ami même, si l'on veut, de l'évêque de Lavardin ; Scarron, chanoine du Mans, se serait abstenu de mettre en scène de la sorte les acteurs de la troupe comique, tout enfant terrible qu'il resta toute sa vie, s'il s'était rencontré parmi eux des personnes touchant de si près à ses anciens protecteurs.

Sans m'appesantir plus qu'il ne faut sur cette considération, que je n'aurais pas même présentée si l'on n'avait pas fait intervenir le baron de Modène pour colorer d'un peu plus de vraisemblance la conjecture de M. P. Lacroix, j'arrive à l'argument décisif qui suffit à lui seul pour renverser ce léger échafaudage de séduisantes inductions. Les événements du *Roman comique*, ainsi que le principal séjour de Scarron dans le Maine, ont eu lieu tous à une époque antérieure à la formation de l'*Illustre théâtre*, à l'entrée de Molière dans cette troupe, à ses pérégrinations. Il ne peut donc, en un mot, être nullement question du grand comédien dans le *Roman*, parce qu'il était encore sur les bancs du collége lorsque se

---

nombre d'ordres de départ ou de refus d'admission à l'adresse des comédiens. — On sait, qu'au contraire, la troupe du *Roman comique* fut bien accueillie, au Mans, par M. le marquis d'Orsé et la noblesse du Maine.

passaient les **aventures** que Scarron a mises en scène, et qu'il avait vues de **ses yeux lors de** son séjour dans le Maine. Si Molière, ce qui **reste douteux,** vint jamais au Mans en prenant la **route de Nantes,** au début de ses courses errantes à travers la **France, il n'y** put venir que dix ans environ après les événements qui ont donné naissance au burlesque roman et à **une époque à** laquelle Scarron avait quitté le Maine pour n'y **plus jamais revenir.**

Je ne puis, à **cette place,** donner toutes les preuves de ces allégations ; **on les trouvera** dans le volume où j'étudie la vie de Scarron, les **origines et les** types du *Roman comique*. Qu'il me suffise de **dire ici** que **ce** n'est pas en 1646, époque à laquelle Scarron **avait quitté Le** Mans depuis bientôt six ans, et où il n'y revint **passer** que deux mois à peine, alors qu'il était devenu **progressivement,** depuis 1638, le paralytique et presque le **cul-de-jatte que** chacun sait ; ce n'est pas à 1646 certes que se **rapportent** les événements auxquels est due la conception du *Roman comique*. Ce n'est pas alors qu'il était cloué depuis **longtemps** par la douleur sur ce fameux fauteuil, sur **lequel Della Bella** l'a peint, dès 1641, alors que le monde, **comme il le dit,** était réduit pour lui à deux chambres, que **le futur** auteur du *Virgile travesti*, a pu observer sur **les grands chemins,** dans les hôtelleries, à la comédie, dans les **tripots, ces** types célèbres qu'on sent instinctivement avoir été peints d'après nature. Ce n'est pas lors de son séjour de **quelques semaines** au Mans, au commencement de 1646, qui **n'a été qu'une** passade, qu'il a pu ramasser ce riche butin d'observations d'où est sortie plus tard sa burlesque épopée, lui qui, **écrivant** alors de cette ville à Mme d'Hautefort, ne sait quelle **nouvelle lui** mander :

> « Or ça, dame Hautefort la belle,
> Vous dirai-je quelque nouvelle
> Des Mancelles et des Manceaux
> De qui les chapons sont si beaux.

Mais que vous en pourrais je dire
Je n'y vois pas le mot pour rire ;
On ne peut rien mander d'ici.
A Paris ce n'est pas ainsi :
C'est là que l'on dit des nouvelles.....
Ici la ville bien fouillée
A grande peine en fournirait
Autant qu'un poulet en dirait.
Que vous dirai-je donc du Maine?
La peste, que j'en suis en peine (1). »

Il ne lui dit pas un mot des prétendus comédiens qu'on veut qu'il ait rencontrés alors, ce qu'il n'aurait pas manqué de faire, s'il avait eu la bonne fortune d'en voir au Mans, et d'aller écouter leurs belles tirades, ne fût-ce que porté sur sa chaise, lui qui dans sa première légende de Bourbon, de 1641, a grand soin de rendre compte à Mme d'Hautefort du plaisir qu'il a eu dans cette ville à assister à « force comédies, » et à voir le duc de Longueville donner à cette troupe de campagne

« Deux mille livres
En argent, vêtements et vivres,
Dont les pauvres comédiens
Gueux comme des Bohémiens,
Devinrent gras comme des moines,
Et glorieux comme chanoines;
Dont j'eus grand' consolation,
Car j'aime cette nation (2). »

(1) *Œuvres de Scarron*, tome VII. Epître à Mme d'Hautefort, p. 134.

(2) *Œuvres de Scarron*, t. VII, p. 5. Il serait curieux de connaître ces comédiens qui se trouvaient à Bourbon pendant la saison des bains de 1641. Dans le *Roman comique*, 2e partie, ch. XII, Scarron écrit : « Il est vrai que Destin espéra voir Verville à Bourbon où il devait aller, et où Destin lui promit de faire aller sa troupe. » La troupe qui se trouvait à Bourbon, en 1641, ne pourrait-elle pas être celle même qui avait passé dans le Maine, et Verville ne pourrait-il pas être reconnu parmi les

2

D'ailleurs, je le répète, Scarron ne fit alors que passer deux mois environ au Mans où il était venu pour assister au Chapitre général de la Saint-Julien 1646 ; il quitta la ville vers la fin de mars. Ce voyage n'avait été, à vrai dire, qu'une échappée de Paris. La principale lacune qui existe dans la connaissance des pérégrinations de Molière va au plus tôt de Pâques 1646, 1er avril (moment auquel se reformaient d'habitude à Paris les troupes de campagne avant de recommencer leurs courses errantes), ou même de la fin de cette année au 19 avril 1648. époque à laquelle on le trouve à Nantes avec la troupe de Dufresne (1). On voit donc que même le dernier séjour de Scarron au Mans, pendant l'hiver de 1646, ne cadre nullement avec la période à laquelle il est permis, par une simple conjecture, de supposer un passage dans le Maine de la troupe de l'*Illustre théâtre*, forcée de quitter Paris pour courir après la fortune, et après une vie moins émaillée de créanciers et d'emprisonnements au Châtelet.

Il faut remonter dix ans environ en arrière, au temps de la belle jeunesse de l'abbé Scarron dans le Maine, au temps où il écrivait les poulets de Mademoiselle Coquille, où l'ami Rosseteau l'accompagnait de nuit, où il passait pour

---

gentilshommes que Scarron y a rencontrés et dont il donne les noms à Mme d'Hautefort ? Les registres de l'état civil de Bourbon peuvent contenir quelques renseignements sur les troupes de passage en cette ville.

On vient de voir que Scarron dit des comédiens « qu'il aime cette nation. » Les comédiens de Paris, qu'il paraît avoir le plus aimés, ce sont ceux du Marais. « L'inimitable Mondory » déjà retiré de la scène, il est vrai, depuis l'automne de 1637, figure dans ses *Adieux au Marais et à la place Royale ;* c'est lui aussi qui, dès 1630, avait joué dans le *Lygdamon et Lydias* de Scudéry, en tête duquel se trouvent les vers élogieux de Scarron. Plus tard, ce fut au Marais que l'auteur de *Typhon* donna ses pièces de théâtre ; l'acteur Jodelet, dont il emprunta si souvent le nom, fut le prototype de ses valets. Voir aussi ses deux affiches pour les comédiens. (*Œuvres*, t. VII, pp. 345-6.)

(1) Voir M. Fillon, *Recherches sur le séjour de Molière dans l'Ouest*, Fontenay, 1871, in-8°.

le meilleur baladin du Mans, ce qui faisait écrire à son adresse
dès 1644 :

> « Vous qui dansastes des aubades,
> Qui dans ballets fîtes gambades
> Non pas au ballet des Romans,
> Mais dans quelques autres au Mans. »

Il faut remonter au temps où il habitait l'évêché comme *domestique*, c'est-à-dire comme étant de la maison de Monseigneur Charles de Beaumanoir, qui l'emmenait avec lui en 1635 en Italie; au temps où il faisait partie de beaux compérages avec des jeunes filles de bonne maison, où il dînait à la table des Lavardin et des Tessé, y payant son écot en joyeuses reparties, en bel esprit, en poésies de société assez gaillardes, lui qui était poëte dès 1630, et qui inscrivait de ses vers en tête du *Lydamon et Lydias* de son ami Scudéry ; il faut remonter jusqu'à cette époque, avant sa cruelle maladie dont il ressentit les premières atteintes dès 1638, moins de deux ans après avoir été gratifié par l'évêque d'un canonicat dont il prit possession le 18 décembre 1636 ; il faut remonter jusque-là pour retrouver les origines du *Roman comique*.

C'est dans ce premier tome de la vie de Scarron, resté dans l'ombre jusqu'ici, et sur lequel j'ai à fournir plus d'une curieuse révélation, qu'il est vraisemblable de pouvoir découvrir la source de ses joyeux récits. C'est alors qu'on le trouve en rapports avec les personnages provinciaux qu'il a mis en scène et que, selon la mode du temps, il a affublés de masques dont je suis enfin parvenu à dénouer les cordons ; c'est alors qu'il courait les grandes routes ; qu'il suivait, pour aller dans un fastueux château du bas Maine, chez un Mécène manceau, le chemin qu'il fait suivre à ses comédiens courant à la poursuite d'Angélique et de l'Étoile ; c'est alors qu'il s'embourbait comme eux en se rendant à Bonnétable chez la comtesse de Soissons, qu'il riait des hôtesses et des aventures d'hôtellerie, qu'il vivait côte à côte avec Ragotin, et que dans la fleur de sa jeunesse, courant les bals et les festins, galant abbé de l'école de Retz, papillon en petit collet comme Montreuil, il pouvait aller brûler ses ailes à la flamme des beaux yeux des comédiennes, Angélique ou l'Étoile, et rire des provinciales hors cadres, comme Mme Bouvillon, qui, bien que sur le retour, avaient encore des ardeurs de soleil couchant.

C'est à cette époque, sans doute, que se rapporte le passage au Mans de la troupe comique, qui dut lui donner l'idée de joindre un roman de théâtre à un roman de mœurs provinciales et de fondre dans un seul tout les aventures des princesses et des amoureux de la rampe avec celles des bourgeois ridicules comme Ragotin, des lieutenants de prévôt patibulaires comme La Rappinière, des grosses sensuelles comme Mme Bouvillon, aux dépens de qui il voulait surtout rire, et qu'il trouvait moyen de ridiculiser davantage en les mêlant à cette société de comédiens de campagne, à qui il donnait sur eux l'avantage du beau rôle en en faisant les *honnêtes gens* de son *Roman*.

Je ne puis, en passant, ni ne veux donner aujourd'hui les dates précises qui établissent à quelles années se rapportent les événements vrais du *Roman*; on le verra en lisant la vie réelle des divers personnages que Scarron a mis en scène. Qu'il me suffise de dire qu'ils sont compris dans une période allant de 1634 environ à 1641 au plus tard. Il s'agit, bien entendu, d'une série, d'un ensemble d'événements de dates diverses, compris dans ces limites, et que l'imagination de Scarron a groupés au gré de sa fantaisie dans un seul cadre, pour donner plus de couleur et de relief à son tableau et sans s'astreindre aucunement à suivre l'ordre chronologique et à respecter la vérité. C'est bien, en effet, un roman qu'il a produit, qu'il a créé au vrai sens du mot, et non pas seulement une chronique de mœurs provinciales qu'il a écrite au jour le jour.

Cela suffit pour aujourd'hui, je l'espère, à établir qu'il ne peut être question de Molière dans le *Roman comique*.

Scarron avait-il vu, de 1643 à 1646, le jeune comédien

avant son départ de Paris, jouant un instant, non loin de la place Royale, au jeu de paume de la Croix noire? Boys ne l'avait-il pas mis en rapport avec l'*Illustre théâtre?* C'est possible, mais c'est une simple probabilité.

Quand l'auteur du *Roman comique* a parlé de Molière, il était déjà bien près de sa fin. Ce n'est, en effet, que dans son testament que je trouve le nom de l'ancien amoureux de la troupe de l'*Illustre théâtre,* parti vagabond et revenu à Paris à la fin de 1658, sinon grand homme, comme on l'a dit, du moins en passe de le devenir. Pendant les deux années qui s'écoulèrent depuis le retour de Molière jusqu'à la mort de Scarron (octobre 1658 à octobre 1660), la renommée de l'auteur de l'*Étourdi,* du *Dépit amoureux,* des *Précieuses ridicules* avait eu le temps d'arriver jusqu'à l'auteur de *Dom Japhet d'Arménie,* qui avait dû s'entretenir plus d'une fois de son confrère avec Mignard leur ami commun.

Molière, à qui, comme on l'a dit, les grands auteurs refusaient alors leurs pièces, ne voulant pas se brouiller avec les grands comédiens de l'hôtel de Bourgogne ni avec ceux du Marais, avait joué plusieurs pièces de Scarron imprimées et tombées dès lors, d'après l'usage du temps, dans le domaine public, *Jodelet maître et valet, Dom Japhet, l'Héritier ridicule* (1). Il avait même enlevé au théâtre du Marais, au théâtre de Scarron, sa principale célébrité, le vieil acteur sur lequel l'auteur du *Roman comique* avait modelé le type de tous ses *Jodelets,* Julien Bedeau. Jodelet était passé le 26 avril 1659 dans la troupe de Monsieur, et y avait joué le rôle du vicomte de Jodelet dans les *Pré-*

(1) **On** voit, d'après le registre de La Grange, que quelques-unes de ces pièces de Scarron produisaient de bien faibles recettes. La recette descendit jusqu'à 60 livres, le 16 juin 1659, avec *Jodelet maître et valet,* et même jusqu'à 48 et 40 livres (11 et 9 mars 1660), avec l'*Héritier ridicule* et *Sancho Pança.* En 1660, Molière joua souvent *Jodelet maître et valet* ou *Dom Japhet,* ou l'*Héritier ridicule* avec les *Précieuses ridicules* et *Sganarelle.* **Voir** *Molière,* Edition des grands écrivains de France, t. II, pp. **32** et **130.**

cieuses ridicules, à côté de Molière remplissant celui de Mascarille (1).

Bien que les souffrances de Scarron allassent toujours en empirant, il ne restait étranger à aucune des nouvelles de la littérature et du théâtre. De même qu'il eut connaissance alors du sonnet de jouissance de Mme de Villedieu (Melle Desjardins), de même il connut *Sganarelle*, nouveau type sous lequel Molière acteur se révéla au printemps de 1660. Encore sous le coup de cette actualité quand il fit son burlesque testament, il se donna bien garde d'oublier l'auteur de la pièce nouvelle dans les legs qu'il fit aux plus fameux poëtes du temps, aux deux Corneille, à Loret, Boisrobert, Benserade, Saint-Amant, et Quinault. Il légua :

« A Molière le cocuage »

et mourut bientôt après, au commencement d'octobre (2).

Quant à Molière, qui joua plus d'une fois encore des comédies du poëte burlesque, il semble avoir pris part à la polémique que suscita *la Pompe funèbre* de Scarron, pièce anonyme où l'on reconnut la plume de Beaudeau de Somaize. On trouve des vers signés de lui dans le recueil qui fut publié en réponse à Somaize sous le titre de *Songe du Resveur*, livret dont on ne connaissait que deux exemplaires avant que M. Paul Lacroix

---

(1) La mort ne permit pas à Jodelet (Julien Bedeau) de jouer longtemps chez Molière ; il mourut avant Scarron, le 27 mars 1660, et fut enterré à Saint-Germain-l'Auxerrois.

(2) Voir à ce propos, *Œuvres de Molière*. Edition de M. Moland, t. Ier, p. CIII. — Je n'ai pas besoin de dire que dans sa *Gazette burlesque* du 23 février 1655, où Scarron dit :

« Je fis chère très-singullière
Avecque l'aimable Mollière,...
La femme de Mollière aussi
Et sa fille ange en raccourcy, »

ce n'est pas du grand comique qu'il s'agit, mais du célèbre musicien danseur Mollier.

l'eût fait réimprimer, en 1867, dans la collection Moliéresque (1).

Voilà les seuls rapports à ma connaissance qui aient existé entre Molière et Scarron (2). Le *Roman comique* leur est bien antérieur. Passons donc outre, sans nous attarder à vouloir plus longtemps prouver l'évidence.

CHAPITRE II.

Les troupes de campagne au xvıı^e siècle. — Leur nombre, leurs usages, leurs rapports avec les théâtres de Paris. — Voyage à la découverte de la troupe du *Roman comique*. — La troupe du duc d'Epernon. Les Béjart à Bordeaux. — La troupe du prince d'Orange. — Rapport des comédiens français avec la Hollande. — La troupe du Marais. — Voyages de Mondory en province. — La troupe du Marais dans le Maine.—Son protecteur, le comte de Belin, qui n'est autre que le marquis d'Orsé du *Roman comique*. — Preuves du goût du comte de Belin pour les comédiens, tirées de Tallemant des Réaux, des lettres inédites de Chapelain et de Scarron. — Charles Lenoir et sa femme. Renseignements sur ces acteurs trop peu connus du Marais. — Zacharie

---

(1) Voici les vers parus sous le nom de Molière dans le *Songe du resveur*, p. 15, G. de Luynes, 1660, édition originale :

« Epigramme de M. Molière, dont le mesme autheur a dit : c'est un « bouffon trop sérieux. »

« Ce digne autheur n'estoit pas yvre
Quant il dit de moy dans son livre
C'est un bouffon trop sérieux ;
Certes il a raison de le dire,
Car s'il se présente à mes yeux
Je l'empescheray bien de rire. »

(2) On peut y joindre leur goût commun pour Gassendi, s'il est vrai, comme le dit un ami de Scarron que nous ferons connaître ailleurs, que l'auteur du *Roman comique* s'attacha un instant à une traduction de la *Morale* de Gassendi. J'ajouterai encore les nombreux emprunts faits par Molière aux *Nouvelles* de Scarron, telles que la *Précaution inutile*, et à ses autres œuvres. Il faut indiquer aussi comme rapports d'outre-tombe l'*Entretien de Scarron et de Molière*, Cologne, P. Marteau, 1690, in-12, attribué à Eustache Lenoble.

Jacob, sieur de Montfleury. — La méthode de critique naturelle. — Cercle des pérégrinations de la troupe du *Roman comique*. — Les comédiens dans l'Ouest et dans le centre de la France sur les bords de la Loire. — Un trait de lumière dans le *Théâtre françois* de Chappuzeau. — La rencontre de Floridor et de Filandre, à Saumur, en 1638. — Portrait de Floridor. — Marguerite Baloré, sa femme. — Sa comparaison avec Destin. — Ce n'est qu'un faux sosie de l'amant de Mlle de l'Etoile.

S'il ne peut être question de Molière dans la troupe du *Roman comique*, s'il faut renoncer à la séduisante hypothèse qui faisait poser devant Scarron le plus célèbre des comédiens errants, on pourrait presque dire le seul chef bien connu des troupes de campagne, sur qui faut-il donc se rabattre ?

On pourrait croire qu'après avoir deviné les obscurs provinciaux qui ont servi de types aux personnages de Scarron, il doit être bien moins difficile et chose quasi aisée de découvrir les noms des acteurs qu'il a placés à leurs côtés, les comédiens étant des personnages plus répandus et de nature à mieux attirer l'attention dans leurs courses bruyantes que de modestes bourgeois, restés obscurément renfermés dans les murs de leur ville natale. Hélas ! on se tromperait et beaucoup.

Chercher à découvrir quelle est la troupe de campagne qu'a dépeinte l'auteur du *Roman comique*, c'est se lancer sur une mer sans rivages, c'est s'enfoncer dans les broussailles inextricables d'une véritable forêt vierge.

On ne sait encore presque rien aujourd'hui des troupes de province autres que celle de Molière. Avant l'enquête qui s'est ouverte hier, pour ainsi dire, sur tous les points de la France, que savait-on des pérégrinations de Molière lui-même ? J'ajouterai que sait-on maintenant de bien précis et de bien complet sur les premiers temps des troupes de l'hôtel de Bourgogne et du Marais ? Si les origines des théâtres de Paris sont encore à peine débrouillées, comment s'étonner que l'histoire des comédiens de campagne soit restée tout à fait dans l'ombre jusqu'à ce jour et que ce soit chose difficile de se reconnaître au milieu de ces caravanes, qui avaient pris naissance au commencement du siècle, depuis que les courses des *Gelosi* et des *Fedeli* avaient répandu dans les provinces elles-mêmes le goût du théâtre ?

Cependant ce serait folie de laisser se prolonger le dédain avec lequel l'érudition a laissé si longtemps dans l'oubli ces rivaux de Bellerose et de Mondory.

La plupart des comédiens en renom dans la capitale, avaient commencé par courir les campagnes avant de venir à Paris, qu'ils quittaient même parfois par intermittences et surtout pendant l'été, pour exploiter le sol plus productif alors des bords de la Loire, de la basse Seine et du Rhône. Guillot Gorju (Bertrand-Harduin de Saint-Jacques) avait d'abord couru la province avec les opérateurs, race qui n'est pas encore éteinte et qui vendait ses drogues au poids de l'or, même plus abondamment qu'aujourd'hui, grâce aux farces qu'elle débitait gratuitement en apparence devant un public idolâtre, comme de nos jours celui de Bilboquet, aimant à bayer devant les spectacles en plein vent, et à se laisser exploiter pourvu qu'on sache y mettre des formes, et qu'on ne lui prenne son argent que sous couleur de l'amuser (1). Deslauriers-Bruscambille parcourut le Midi et eut pour collègue et pour maître, pendant ses pérégrinations, l'opérateur nomade Jean Farine. Gautier Garguille donnait des représentations à Rouen en 1623 (2).

(1) Sans rappeler ici bien des illustres successeurs de Mondor et leurs héritiers dans ce siècle, les célèbres *saltimbanques* Bilboquet, Gringalet et Zéphirine, qu'il me suffise de dire que j'ai rencontré hier encore une de ces troupes ambulantes, dite la Troupe grenobloise des Bénévent, courant toute la France, montant en plein air son théâtre improvisé, jouant des pièces de tout genre, vaudevilles, opérettes, etc., du répertoire actuel, vendant ensuite un baume et des poudres, qualifiés de véritables panacées, et arrachant les dents sans aucune douleur.

(2) Tallemant nous montre Gros Guillaume (Robert Guérin), et ses camarades, allant jouer dans les provinces et notamment à Bordeaux après la mort d'Henri IV. Tome Ier des *Historiettes*, p. 38. Edition in-8°, 1854.

Lorsque Hardy, le grand manufacturier, n'eut plus le monopole du théâtre et que commença une ère plus riche en poëtes et en œuvres dramatiques, grâce à Théophile, à Mairet, à Scudéry, à Tristan, à Rotrou, à Corneille enfin, le goût des spectacles alimentés dès lors plus largement par un élément autre que la farce, se répandit dans toutes les classes de la société. On vit les troupes de comédiens exister en plus grand nombre et recruter leurs sujets dans un milieu plus relevé, plus bourgeois, plus lettré, parfois même parmi de jeunes gentilshommes épris d'amour pour les Isabelle et les Léonore. Le théâtre tournait toutes les têtes, comme le feu de la rampe attire toutes les libellules. Ce n'était peut-être pas tant à vrai dire l'estime dans laquelle Richelieu tenait l'art dramatique et ses interprètes, la retenue et la décence relativement plus grandes que s'étaient imposées auteurs et acteurs et qui faisaient écrire à Mondory par Balzac, le 15 décembre 1636, qu'il pouvait se glorifier d'avoir réconcilié la comédie avec la vertu, ce n'était pas tant cela qui attirait de toutes les conditions les plus diverses ces acteurs improvisés, que les beaux yeux des comédiennes venant monter sur les planches, pour recueillir les applaudissements et les faveurs du public, ou pour se soustraire au joug de leur famille et jouir d'une plus grande liberté.

Quoi qu'il en soit, on voyait Ragueneau quitter sa boutique de pâtissier; Jean de la Traverse et François Juvenon (de la Fleur), leurs fourneaux de cuisinier et de traiteur; Boyron, le comptoir de mercier de son père à Issoudun; Georges Pinel, sa plume de maître écrivain, pour devenir au théâtre rois ou simplement moucheurs de chandelles, tout aussi bien que des fils de famille bourgeoise tels que Molière, René Berthelot (Du Parc), les Varlet, Villequin, etc., enfin tout comme de jeunes gentilshommes de race plus ou moins ancienne, de noblesse plus ou moins authentique, tels que Floridor (Josias de Soulas), Zacharie Jacob, sieur de Montfleury, François Chastelet, sieur de Beauchâteau, du Croisy, et d'autres dont nous parlerons plus au long (1). M. Gosselin a déjà dit avant moi, en parlant de l'influence exercée par le *Cid :* « Désormais le métier de comédien était presque en honneur ; des jeunes gens de famille, des fils de nobles seigneurs ou de riches bourgeois, envieux d'interpréter les tragédies nouvelles, ne dédaignaient pas d'aller solliciter les applaudissements de la foule, en dissimulant sous un nom de guerre souvent fort transparent leur véritable personnalité. Les succès de Bellerose et de Mondory avaient tellement séduit la jeunesse parisienne, que bientôt la capitale se trouva pourvue d'un nombre assez considérable de sociétés dramatiques (2). »

Il en fut de même pour celles qui exploitaient la province à la même époque. Mais ce n'est que lorsqu'on aura exploré les archives locales, les registres des paroisses et des hospices, les minutes des notaires, comme on l'a fait à Paris, à Rouen, à Lyon, à Narbonne, pour faire sortir de l'ombre les pérégrinations de la troupe de Molière, qu'on pourra tenter une histoire générale et un peu complète des caravanes des comédiens de campagne.

Leur nombre encore assez grand, leurs fréquentes décompositions, pour ne pas dire leurs révolutions, ne permettent en effet qu'à grand'peine de les suivre dans leurs courses nomades.

Chappuzeau, qui écrivait en 1673, dit des bandes ambulatoires de son temps :

« Les comédiens de province, autant que je l'ai pu décou-

---

(1) Comme on le voit déjà par quelques-uns de ces noms, les gentilshommes entrent même dans les troupes de campagne : à Rouen, en 1652, on trouve dans la même troupe que La Rocque, jouant au jeu de paume des Deux-Mores, noble homme Laurent Conseil, sieur d'Argil, comédien. — Les comédiens, se disant officiers du roi, en étant venus à se donner le titre d'écuyer, et prenant pour noms de guerre ou de théâtre, des noms nobiliaires, on doit se tenir en garde vis-à-vis de leurs prétentions à la noblesse.

(2) Voir *Molière à Rouen*, p. 9.

vrir, peuvent faire douze ou quinze troupes, le nombre n'en étant pas limité (1). C'est dans ces troupes que se fait l'apprentissage de la comédie ; c'est d'où l'on tire, au besoin, des acteurs et des actrices qu'on juge les plus capables pour remplir les théâtres de Paris, et elles y viennent souvent passer le carême, pendant lequel on ne va guère à la comédie dans les provinces, tant pour y prendre de bonnes leçons auprès des maîtres de l'art, que pour de nouveaux traités et pour des changements à quoi elles sont sujettes (2). »

Il insiste ailleurs, en effet, sur la variabilité des troupes ambulantes. « Elles ont si peu de fermeté, dit-il, que dès qu'il s'en est fait une, elle parle de se désunir (3). » Ce peu de consistance des troupes, le petit nombre des acteurs, leur expérience et leur capacité moins grandes, le peu de commodité des lieux où elles représentent, sont, d'après lui, autant de causes de leur infériorité vis-à-vis des troupes de Paris ; et cependant, ajoute-t-il, il y en a de raisonnables qui sont goûtées dans les grandes villes et n'en sortent qu'avec beaucoup de profit. Néanmoins Paris prenait toujours aussi le dessus du panier et Chappuzeau a bien soin d'écrire : « Les troupes de Paris sont leurs colonnes d'Hercule où ils bornent leurs courses et leur fortune. » Il avait certes lu le *Roman comique;* car Scarron (liv. I, chap. XII), parlant de la Caverne et de sa fille qui n'avaient jamais eu l'honneur « par malheur plutôt que faute de mérite » de monter sur les planches des théâtres de Paris, avait déjà dit : « Les théâtres de l'hôtel de Bourgogne et du Marais l'un et l'autre sont le *non plus ultra* des comédiens ; ceux qui n'entendront pas ces trois petits mots latins auxquels je n'ai pu refuser place ici, tant ils se sont présentés à propos, se les

---

(1) Dans son *Europe vivante*, 3 vol. in-4º, 1667, il ne compte en France que huit ou dix troupes de campagne.

(2) Chappuzeau, *Théâtre françois*, édition de Bruxelles de 1867, avec notes de M. Ed. Fournier, p. 109.

(3) *Ibidem*, p. 81.

feront expliquer s'il leur plaît. » Chappuzeau, on le voit, n'a fait que traduire le *non plus ultra* 'par les colonnes d'Hercule.

Il n'y eut pas à atteindre ces colonnes que la troupe de Molière, dont Chappuzeau lui-même, qui l'avait vue à Lyon, disait en 1656 que « tout ambulatoire qu'elle est, elle vaut bien celle de l'hôtel qui demeure en place (1). » La plupart des comédiens qui se firent un nom sur les scènes de Paris (en dehors de la troupe de Molière), continuèrent à sortir des troupes de campagne.

Le premier noyau de la future troupe de Monsieur, formée elle-même de celles des Béjart et de Dufresne, s'était grossi en route de bons acteurs empruntés à d'autres troupes de campagne. A Lyon, en 1653, Molière avait enrégimenté la belle et fière Marquise-Thérèse de Gorle, devenue la femme de du Parc, fille de l'opérateur italien Jacomo de Gorla, qui accompagnait dans cette ville la troupe d'Abraham Mitallat, dit la *Source* (2). A Rouen, au printemps de 1658, s'étant rencontré avec la troupe de Philibert Gassaud, sieur du Croisy, dont on a cru que faisait aussi partie La Grange, il s'était chargé, dit-on, momentanément des acteurs de cette troupe rivale, dont les principaux comédiens du Croisy et La Grange (?) se réunirent définitivement à lui l'année suivante. Plus tard, Baron et les Beauval, en 1670, quittèrent aussi, comme nous le verrons plus au long, par ordre du roi, la troupe où ils jouaient en Bourgogne, pour entrer dans celle de Molière.

De même la plupart des comédiens de l'hôtel de Bourgogne et du Marais avaient débuté par les troupes de province. C'est ainsi que firent la Bellerose, Nicole Gassaud, sœur de du Croisy, veuve de feu Mathias Meslier, comédien, depuis peu arrivée de Calais quand elle épousa Bellerose en 1630 ; Floridor, Brécourt, Montfleury et sa femme, Baron 1er, le

---

(1) *Lyon dans son lustre*, 1656, p. 43.

(2) C'est là aussi, d'après l'auteur de la *Fameuse comédienne*, qu'il aurait recruté de Brie et sa femme.

père du célèbre acteur, Champmeslé, et sa femme Marie Desmares, les Raisin, Raymond Poisson, Rozidor et bien d'autres; mais il est grand temps de terminer cette énumération sans fin, dans laquelle je n'ai cité que les noms des acteurs les plus fameux.

Ce qui est difficile, ce n'est pas de mentionner les comédiens sortis des troupes de province; c'est, pendant une période déterminée, de préciser le nombre des troupes existantes, d'indiquer leur composition, de suivre leur itinéraire, leurs changements de personnel, de faire, en un mot, leur histoire.

Heureusement le cercle de mes recherches est ici plus limité. Il n'y a que la troupe du *Roman comique* dont je veuille découvrir la piste aujourd'hui. La chasse est ouverte. Partons donc et tâchons de ne pas revenir bredouille.

Il est des pistes qu'il est inutile de suivre, car Scarron a pour ainsi dire lui-même éliminé quelques troupes de campagne de ce champ de recherches. Il fait, en effet, dire à Destin au début de son Roman : *Notre troupe est aussi complète que celle du prince d'Orange ou de Son Altesse d'Épernon*. Il est impossible dès lors de songer à ces deux troupes.

Les comédiens du duc d'Épernon c'est, sans aucun doute, la troupe de Béjart, que Scarron, malgré le soin qu'il en a quasi pris, n'a pu empêcher d'être confondue avec celle du *Roman comique*, et dont fit un instant partie Denis Beys avec qui le poëte Roquebrune se vantait d'avoir fait la débauche.

De 1640 à 1643, le duc d'Épernon, Bernard de Nogaret, amateur de théâtre, avait donné, dit-on, asile et protection à Bordeaux à la troupe de Madeleine Béjart. Il avait fait le plus favorable accueil à la jeune actrice plongée dans la détresse par l'éloignement du duc de Modène et réduite ainsi à courir les provinces avant la formation de l'*Illustre théâtre*. Magnon, dit M. Édouard Fournier, ayant dédié, plusieurs années après, au duc d'Épernon, gouverneur de Guyenne, sa tragédie de *Josaphat*, imprimée en 1647, insiste sur la reconnaissance que lui devait la Béjart et avec elle le Parnasse tout entier; il parle de la protection et des secours donnés à la plus malheureuse et l'une des plus intéressantes comédiennes de France, et dont tout le Parnasse lui est reconnaissant : « Vous avez tiré cette infortunée du précipice où son mérite l'avoit jetée. Elle n'est remontée sur le théâtre qu'avec cette belle assurance de jouer dignement un rôle dans cette illustre pièce où, sous des noms empruntés, on va représenter une partie de votre vie (1). »

Ce ne fut pas seulement avant 1643 que la troupe de Madeleine Béjart se trouva en rapport avec le duc d'Epernon. Elle revint encore à Bordeaux après la chute de l'*Illustre théâtre* et son départ de Paris de 1646. On pouvait apparemment déjà dire de cette ville, comme dans le *Poëte basque* :

« Pour les comédiens c'est où tombe la manne. »

Les notes de M. de Trallage semblent rapporter ce second voyage à la fin de 1648, à la veille des troubles de la Fronde, après le passage à Nantes. En voyant cette dédicace au duc en 1647, ainsi que d'autres qui lui sont adressées par Zacharie Montfleury (*la mort d'Astrubal*) et par Bénigne Grignette en 1646 et 1647, on est presque tenté de rapporter plutôt à cette dernière date le séjour sur les bords de la Gironde de Madeleine Béjart et de Molière (2).

Mais, soit qu'il s'agisse, dans le *Roman comique*, de l'un ou l'autre des deux passages des Béjart à Bordeaux, il n'y a pas

---

(1) Voir M. Ed. Fournier, *Roman de Molière*, p. 44 et 45.

(2) M. Hillemacher met lui-même en avant la date de 1646. Ce qui a rapport au passage de Molière à Bordeaux, a encore besoin d'être élucidé. M. Armand Detcheverry, *Histoire des théâtres de Bordeaux*, 1860, in-8°, se refuse à croire que Molière ait joué dans cette ville *Etéocle* et *Polynice*, destinés à devenir plus tard les *Frères ennemis* de Racine.

de doute sur la troupe que protégeait le duc d'Épernon, et qui avait alors emprunté son nom à son protecteur actuel, quitte à le changer, en adoptant un protecteur nouveau (1). Sa célébrité hors ligne motivait bien la comparaison de Destin. Il y a donc là une raison de plus pour éliminer Molière du *Roman comique*, ainsi que je l'ai fait tout d'abord (2).

La troupe du prince d'Orange, sans la mention de Scarron, aurait pu être prise pour celle du *Roman comique*.

Celle-ci, en effet, vient de Hollande où la Rancune l'avait rejointe et où Destin et la l'Etoile étaient allés se réunir à elle tout récemment. Ce qui eût rendu plus encore la supposition plausible, c'est qu'on voit de fort bonne heure dans l'ouest de la France la troupe du prince d'Orange.

A la fin de 1618, les comédiens du prince d'Orange, Maurice de Nassau, sont à Nantes. Ils y jouent au moment de la réunion des États de la province, comme, plus tard, Molière à

---

(1) A Paris, les comédiens de l'*Illustre théâtre* s'étaient appelés un instant les comédiens de Monsieur, c'est-à-dire de Gaston duc d'Orléans, frère de Louis XIII, qui les protégeait à la suggestion de ses compagnons de plaisir et de ses amis, le duc de Guise et le baron de Modène. Ils devinrent, à la fin de 1653, comédiens du prince de Conti, puis plus tard à Paris, comédiens de Monsieur, frère de Louis XIV, enfin, comédiens du roi. Il y avait un peu avant l'*Illustre théâtre*, les comédiens du duc d'Angoulême, du duc de Vendôme, de M. le Prince ; plus tard, ceux de la reine, de Mademoiselle, de M. le Prince, ceux du Dauphin, de la Dauphine, etc.

(2) Scarron, bien qu'il n'ait mis la dernière main à son *Roman* qu'à la veille de l'impression, ainsi que le prouvent ce que j'appellerai des intercalations de la dernière heure, telles que la mention de *feu Rotrou*, du *Grand Cyrus*, et dans la seconde partie celle de *Dom Japhet* et de *Nicomède*, l'avait certes composé en partie dès avant 1648, ainsi que le prouve sa dédicace à Sarrazin et à Ménage. On retrouve, en les recherchant, les traces de ces deux couches successives. Sans doute la mention de la troupe du duc d'Épernon appartient au premier jet et a été écrite sous le coup de l'actualité, de même que le titre des pièces qu'il fait représenter à la troupe comique dans la première partie de son œuvre, la *Marianne* de Tristan, le *Soliman* de Mairet, le *Cid* de Corneille.

Béziers (1). C'est ce que nous apprend une lettre de Mlle de Rohan à la duchesse de la Tremoille, du 10 décembre 1618 :
« Nous y avons vus de fort bons comédiens qui se disent à M. votre frère. Ils sont très-honnestes, ne dizant aucune vilaine parole, non-seulement devant nous, mès encore dans la ville à ce que l'on m'a dit (2). »

La troupe du prince d'Orange, de 1625 à 1629, donna même des représentations à Paris, à l'hôtel de Bourgogne, et M. Soulié a mentionné les baux qui leur furent faits par les confrères de la Passion (3).

Charles Lenoir et sa femme, dont nous parlerons tout à l'heure, avaient été attachés à ce prince avant d'entrer au Marais et plus tard à l'hôtel de Bourgogne.

Cette troupe jouait le répertoire du Théâtre-Français, et semble s'être perpétuée longtemps. En 1657, MM. de Villiers virent représenter à Bruges la *Mort de Pompée,* par une troupe qui, d'après leurs dires, « avait été à feu M. le prince d'Orange (4). »

Chappuzeau qui s'intitule parfois ci-devant précepteur de S. A. S. le prince d'Orange, dit en 1673 que « depuis la mort du dernier prince d'Orange, qui entretenoit une troupe de comédiens françois, elle n'eut pas grande satisfaction en cette partie des Pays-Bas où il commandoit, et elle trouva mieux son conte à Bruxelles auprès de la cour (5). »

---

(1) Règle générale, on trouve une troupe de comédiens à toutes les réunions d'États provinciaux. On en rencontre même lors de l'assemblée des Grands Jours à Clermont, en 1665, ainsi qu'on le voit dans les *Mémoires* de Fléchier, p. 132 et suiv., 1862, in-12.

(2) *Société archéologique de Nantes,* t. IX, 4e trim. de 1869.

(3) M. Eudore Soulié, *Recherches sur Molière,* p. 158-160. La requête présentée par ces comédiens au lieutenant civil, pour obtenir de représenter, se trouverait peut-être aux Archives dans les Minutes du Châtelet.

(4) *Journal d'un voyage à Paris en* 1657, 1658, p. 16.

(5) *Théâtre françois,* édition Ed. Fournier, p. 129. On voit à l'époque dont parle Chappuzeau, de nombreux comédiens entrer au Marais à leur arrivée des Flandres. — A la fin de 1861, on trouve encore Brécourt réfugié en Hollande « pour y jouer dans la troupe du prince d'Orange. » *Archives de la Bastille,* t. VII, p. 59.

Il y a toutefois une observation à présenter relativement à cette troupe. Est-ce toujours *la même* qui se succéda, avec les modifications et les changements inévitables en pareille matière, et avec un tel laps de temps (j'emploie ce mot, bien entendu, dans le sens de Janot, disant qu'il a toujours *le même* couteau malgré le renouvellement du manche et de la lame) ? Ou bien le prince d'Orange ne donnait-il pas son patronage, et ne prêtait-il pas l'appui de son nom aux différentes troupes françaises qui à chaque saison venaient exploiter sa province ? Cette dernière opinion est peut-être la plus probable, mais reste à l'état d'hypothèse tant qu'on ne connaîtra pas le nom des nombreuses troupes françaises qui visitaient la Hollande. D'après une lettre du 21 mars 1638, insérée dans les notes de Tallemant par M. Paulin Paris, et datée du 20 mars 1638, on voit que la troupe des comédiens des Pays-Bas, qui jouait alors à La Haye dans le manége du prince, était composée de son directeur Guérin dit l'Espérance, des deux Barrés, de La Fontaine et de son fils, et de Cossart, dit le docteur Fariolo (1).

Bien des acteurs, qui se firent un nom à Paris, passèrent à leurs débuts ou allèrent finir leur vie de théâtre dans les troupes hollandaises.

La Beaupré, qui fut si fameuse en sa jeunesse, alla mourir vieille et laide dans une troupe française, enrôlée pour la Hollande. Brécourt, à différentes époques de sa vie aventureuse, passa aussi par cette province et les Pays-Bas, ainsi que fit également son père Pierre Marcoureau, connu au théâtre sous le nom de Beaulieu. La Bosco-Robertine montre Bois-Robert lui-même, après la mort du cardinal, « associé avec une troupe espagnole et hollandoise arrivée depuis peu à

---

(1) *Historiettes*, édition in-8º, t. VII, p. 187. Ce Guérin est-il Charles Guérin, plus tard comédien du roi, mari de Françoise d'Etriché de Bradane, père d'Isaac Guérin, second mari de la femme de Molière, et qui naquit vers 1646 ? La Fontaine et son fils sont sans doute Etienne et Louis Rufin

Paris pour le divertissement de la foire Saint-Germain (1). »
L'ancien protégé de Richelieu devenu le compère du pitre
Gilles le Niais, était sans doute le poëte de ce théâtre de la
foire, comme Hardy, le jeune Rotrou, et Roquebrune du
Roman comique l'avaient été des troupes de leur temps,
comme Lesage le devint après sa rupture avec les comédiens
français.

Nous reparlerons plus tard, à propos de la vraie troupe du
Roman comique, qui était allée en Hollande, je le répète, de
quelqu'une de ces pointes que les troupes de France poussaient
au-delà du Rhin (2). Pour le moment, mettons-nous en
quête d'une autre piste, puisque Scarron a eu soin de dire
que sa troupe était différente de celle du prince d'Orange.

Les troupes du duc d'Épernon et du prince d'Orange mises
de côté, il faut aussi éliminer celles de l'hôtel de Bourgogne
et du Marais.

Quand même Scarron n'eût pas dit que ni la Caverne ni sa
fille n'étaient jamais montées sur les planches de ces théâtres,
il n'eût pas été possible de confondre la pauvre troupe comique avec Messieurs les comédiens du roi. Confondre Messieurs de l'Hôtel, la troupe du roi, les grands comédiens avec
les acteurs d'une minuscule troupe de campagne, quelle
hérésie, quel crime abominable (3) !

Voir en ceux-ci les comédiens du Marais, ce n'eût pas été,

---

(1) Voir Bibl. nat., suppl. franc., n° 15244, p. 265, cité par M. Edouard
Fournier, *Le Théâtre français au XVIe et au XVIIe siècle*, in-4°, p. 551.

(2) M. Fournel, *Contemporains de Molière*, t. Ier, n° 480, a remarqué
que les échanges d'acteurs entre les deux nations n'étaient pas rares, que
beaucoup de comédies françaises, surtout du troisième et du quatrième
ordre, n'ont été publiées qu'en Hollande.— On voit de nombreux auteurs
de pièces de théâtre dédier leurs œuvres au prince d'Orange ; d'autres
font imprimer les leurs à La Haye, à Maëstricht, etc.

(3) On rencontre cependant, même au temps de la Champmeslé, les
grands comédiens allant donner des représentations en province où
abondent des comédiens du roi ou des acteurs se disant tels.

au contraire, tout à fait insensé. Cette troupe « des petits comédiens » qui ,dans sa première époque, endura des traverses sans nombre et eut tant de mal à bien prendre racine à Paris, courait les provinces pendant la saison d'été et s'en allait battre l'estrade de tous les côtés, sitôt que le succès chômait dans la grande ville. Elle eût pu dès lors, sans grand mal, être confondue avec des comédiens de campagne.

On voit Mondory à Rouen, en 1628, en rapporter la *Mélite* de Corneille, puis le *Lygdamon et Lydias* de Scudéry, ce qui lui sert à remonter ou à remettre à la mode le théâtre du Marais, naguère obligé de se fermer à Paris, et le met en goût de revenir à Rouen pendant l'été. On croit aussi qu'en 1633, il alla jouer à Forges, devant la cour, nombre de pièces du poëte normand qui lui avait porté bonheur, *Mélite*, *Clitandre*, *la Veuve*, et aussi la *Place royale* de Claveret (1). La troupe du Marais conserva longtemps l'habitude de ces pérégrinations. On la rencontre à Rouen en 1656 et 1657 ; le nom du comédien La Rocque qui paraît en cette ville en 1652 et 1659, fait même présumer qu'elle s'y trouvait aussi à ces époques (2). M. Fillon l'a trouvée jusqu'à l'extrémité de l'ouest de la France, à Fontenay-le-Comte (3). Enfin ce théâtre se disloquait souvent à l'exemple des troupes de pro-

---

(1) Dans la *Comédie des comédiens*, Scudéry suppose aussi la présence à Lyon de la troupe de Mondory.

(2) Voir M. F. Bouquet, *Louis XIII et sa cour aux eaux de Forges*, Revue des Sociétés savantes, mai 1859, p. 611-642; *Revue de Normandie*, 1869, p. 105 et 145, *Corneille et l'acteur Mondory*; 1865, p. 308, *Nouveaux documents pour l'histoire du théâtre de Rouen* ; 1863, p. 33, *Simples notes sur l'histoire des anciens théâtres de Rouen*, par M. Gosselin ; *L'histoire des théâtres de Rouen*, par M. J. L. B., 1860, in-8º, tome Ier, introd.; M. Eudore Soulié, *Archives des Missions*, tome Ier, 2e série, 1863, in-8º, p. 481 et suiv.— Rosidor et La Roze se trouvaient aussi à Rouen le 13 janvier 1660. (*Théâtre françois* de Chappuzeau, édition Ed. Fournier, p. 147.)

(3) M. B. Fillon, *Recherches sur le séjour de Molière dans l'Ouest*, 1871 in-8º.

vince. Chappuzeau nous dit de son côté : « Il y a eu de bons comédiens qui ont quitté le Marais, où ils étaient estimés, sans nulle nécessité et de gaieté de cœur, le poste de Paris leur plaisant moins que la liberté de la campagne (1). » On est donc fondé à répéter avec M. Fournel que le Marais était un véritable théâtre provincial (2).

Une autre raison qui eût permis de faire pencher la balance en faveur de la troupe du Marais, de la troupe de Mondory à ses débuts, c'est qu'elle dut très-probablement venir dans le Maine dans les premiers temps du séjour de l'auteur du *Typhon*. Elle était sous la protection d'un grand seigneur de la contrée, d'un Mécénas manceau dont je remets longuement en lumière le rôle littéraire dans mes études sur Scarron et qui n'est autre, je le dis tout de suite, que le marquis d'Orsé du *Roman comique*. C'est du comte de Belin, mort le 29 septembre 1638, que je veux parler, et je ne fais en ce moment que révéler son nom, resté trop ignoré jusqu'ici. Le comte de Belin, s'il faut en croire Tallemant (3), protégeait cette troupe, non pas tant à cause du talent de Mondory que des beaux yeux de la Lenoir qui avait toutes ses faveurs et pour laquelle il commandait des pièces à ses poëtes, qui n'étaient autres que Mairet, Rotrou et Scudéry.

Chapelain, dans une de ses lettres inédites adressée au comte de Belin alors au Mans, le 8 décembre 1636, confirme le goût du grand seigneur pour le Marais, tout en remettant les choses à leur véritable place :

« A votre retour, si les choses ne changent, vous trouverez les grands comédiens avoir regagné le dessus sur les petits, nonobstant la protection que vous avez donnée à M. de Mon-

---

(1) *Théâtre françois*, liv. III.
(2) M. Fournel, *Contemporains de Molière*, t. III, p. xviii, dit en effet : « Par l'usage qu'avaient gardé ses acteurs de courir la province, dont ils rapportaient les traditions et les goûts, le Marais était un véritable théâtre provincial. »
(3) *Historiettes*, t. VII, p. 172.

dory auprès des puissances et le rétablissement de son crédit sera un ouvrage digne de l'affection que vous avés pour lui. Et de peur que vous ne croyés le mal plus grand qu'il n'est, mes originaux ne m'ont dit autre chose sinon que l'hôtel de Bourgogne plaisoit plus que le tripot du Marests au gout de ceux à qui chacun d'eux essaie le plus de satisfaire. C'est pourquoi vous vous consolerez aisément de ce malheur (1). »

Il aimait passionnément la comédie et tous ceux qui s'en mêlaient, et c'est ce qui « attirait tous les ans, dans la capitale du Maine, les meilleures troupes de comédiens du royaume, » dit Scarron du marquis d'Orsé (2).

On aurait donc pu, très-légitimement, se laisser séduire tout d'abord par cette spécieuse conjecture et se laisser aller à voir dans la troupe du *Roman comique* celle de Mondory, de Lenoir, de sa femme et de la Villiers, qui, je le répète, dut certes venir dans le Maine, comme elle était allée en Normandie. Mais en y réfléchissant, quand même Scarron n'eût pas éliminé lui-même la troupe du Marais, ainsi que son personnage le plus en vue, son orateur, en le faisant trouver *trop rude* par la Rancune, qui ailleurs encore souhaite de vivre de ses rentes aussi bien que Mondory (3), il n'eût guère été possible de s'arrêter longtemps à cette séduisante hypothèse. Si Destin méritait être pris pour l'inimitable Mondory (4), si comme lui il avait dû sa fortune à son parrain,

---

(1) *Lettres de Chaplain*, t. Ier, p. 173. Bibl. nat., Ms. fr., n^{lles} acquis., n° 1885. La date de cette lettre prouve que la Lenoir n'était pas la principale cause de la protection accordée par le comte de Belin à la troupe de Mondory, puisque, comme on le verra bientôt, elle l'avait quittée à la fin de 1634 pour entrer à l'hôtel de Bourgogne. — Corneille, avec le *Cid*, allait ramener les beaux esprits au Marais.

(2) *Roman comique*, liv. II, ch. xvii.

(3) Voir *Roman comique*, liv. I, ch. v et xi.

(4) Mondory était aussi « riche de mine » que Destin, d'après le portrait qu'ont fait de lui les frères Parfait (*Histoire du Théâtre français*, t. V, p. 97). Il était, disent-ils, d'une moyenne taille, mais bien prise, la mine haute, le visage agréable et expressif.

sa trop grande jeunesse, de même que toutes les rares qualités de sa maîtresse Mlle de l'Etoile qui dut, sans doute, devenir sa femme, ne permettaient pas de le confondre avec le grand acteur du Marais, que l'on trouve comédien dès 1620 environ, et qui tint toujours sa femme, Marie Berthelin, éloignée du théâtre.

Guillaume Gilbert, sieur de Mondory, l'orateur de la troupe du Marais, laissé de côté, on eût pu se rabattre sur Charles Lenoir et sa femme, pour y voir Destin et la l'Étoile. Leur qualité de protégés du comte de Belin, et d'attachés de vieille date au prince d'Orange (ce qui eût expliqué leur passage dans une troupe de Hollande dont parle le *Roman comique*), rendait surtout cette induction plausible, et j'avoue qu'elle m'a séduit tout d'abord.

Charles Lenoir et sa femme, par la pénombre même où sont restées leurs vies de comédiens, prêtaient, en effet, à cette identification avec Destin et la belle Léonore. Le peu qu'on sait de leur personne était loin de s'y opposer. Anciens comédiens en Hollande, ils avaient tous deux la réputation d'être bons acteurs. Cette Lenoir était une aussi jolie petite personne qu'on pût trouver, rapporte Tallemant. Le *testament de feu Gautier Garguille* (1634) dit d'eux aussi : « Lenoir et sa femme sont assez judicieux et assez exacts pour n'avoir pas besoin d'avis. Toutefois, comme leur bon amy, je les avertiray en passant, lui de garder toujours sa gravité et elle ses petites douceurs et ses gaillardises qui la rendent agréable à tout le monde (1). » Après la mort de son mari, la Lenoir se retira du théâtre (ce que le premier tome de la vie de Léonore eût permis de trouver très-naturel). J'ajoute que Lenoir paraît souvent comme chef des comédiens de sa troupe du Marais, ce qui correspondait bien aussi avec le rôle de Destin.

Cependant on doit reconnaître, en fin de compte, qu'à cause

---

(1) Voir M. Edouard Fournier, *Chansons de Gautier Garguille*, édition Jeannet, 1858. Appendice, p. 163.

— 40 —

des dates il n'est pas facile de concilier cette conjecture avec l'ensemble du *Roman*. Charles Lenoir et sa femme ont abandonné le théâtre du Marais dès la fin de décembre 1634, par ordre du roi, pour passer à l'hôtel de Bourgogne. Il est malaisé de faire remonter à une date antérieure (ainsi qu'il le faudrait nécessairement) le passage de la troupe comique que vit Scarron dans le Maine et qui lui donna l'idée d'en faire le portrait dans son roman. Lenoir et sa femme, qui jouaient dès 1631 à l'hôtel de Rambouillet la *Virginie* de Mairet, paraissent de la sorte plus âgés que ne l'étaient Destin et Mlle de l'Étoile. Enfin (et c'est en somme la raison décisive), Scarron a positivement mis lui-même en dehors de ces recherches, ainsi que Mondory, la troupe parisienne du Marais (1).

Ce dessus du panier écarté, nous voilà retombés en plein

---

(1) Lenoir et sa femme, sauf leurs noms, sont, on peut le dire, restés jusqu'à ce jour inconnus de nos historiens du théâtre. Voici encore quelques renseignements à leur égard : On voit, le 25 février 1631, les comédiens de l'hôtel donner assignation à Lenoir et à ses associés pour six vingt et quinze journées qu'ils avaient représenté comédies hors de l'hôtel de Bourgogne. (Les comédiens du Marais avaient joué de la sorte pendant une grande partie de l'année 1630.) En 1632, ils sont condamnés pour ces représentations, par suite du privilége des comédiens de l'hôtel. On dit qu'ils ont représenté au jeu de paume de Berthault, qui, si je ne me trompe, était situé à l'Estrapade. Ce n'est donc pas au Marais que jouait alors la troupe, qui devait bientôt aller rue Michel-Lecomte. Enfin, le 8 mars 1634, on voit l'hôtel faire bail aux comédiens qui représentent au jeu de paume du Marais. Ces données, tirées des pièces produites par M. Eudore Soulié, complètent ce qu'on sait jusqu'ici de la troupe du Marais, dont Lenoir paraît le chef en 1631. M. Jal n'a rien dit de sa femme. On trouve seulement dans son *Dictionnaire*, Charles Lenoir se disant comédien du roy, parrain, le 9 octobre 1633, avec la femme de Mondory, à Saint-Nicolas-des-Champs, sa paroisse, et le 17 mars 1637, avec la femme de Bellerose, du dernier enfant de Turlupin (Henri Legrand). Il est regrettable que M. V. Fournel n'ait pas utilisé ces documents dans son troisième volume des *Contemporains de Molière* où l'Histoire du théâtre du Marais et celle de ses acteurs aurait pu recevoir de plus amples développements. Sur la composition de cette troupe en 1634 et 1635, voir le tome II du *Journal manuscrit du Théâtre français* du chevalier de Mouhy, Bibl. nat., F. fr., n° 9230, p. 651.

inconnu, dans l'ombre épaisse où gît pêle-mêle la foule ignorée des troupes de campagne.

Par où commencer cette chasse à l'homme ?

Qui essayer tout d'abord ?

On pourrait songer à Zacharie Jacob, sieur de Montfleury, gentilhomme angevin, qui tout de suite fait penser au Léandre du *Roman comique*, ce jeune gentilhomme qui s'échappe du collège de La Flèche, épris des charmes d'Angélique, et se fait comédien par amour pour elle. Mais le premier des Montfleury est trop vieux pour être pris pour Léandre (1); de plus, peut-on supposer que le jeune étudiant amoureux d'une ingénue de seize ans, ayant tous les charmes de la jeunesse et de la beauté, en serait arrivé en 1638, c'est-à-dire bien peu de temps après ses premières amours, à épouser la veuve d'un comédien, Jeanne de la Chappe ? Ce serait vraiment tomber de trop haut.

Ecartons Montfleury et passons ; mais où trouver un pilote, un phare, une balise pour nous diriger sur cette mer inconnue?

Ouvrons le *Roman* et nous pourrons peut-être en rencontrer. Voyons d'après la méthode de la critique naturelle, si par hasard il ne renferme pas quelque moyen de contrôle.

Les deux premières parties de l'œuvre de Scarron nous montrent la troupe comique allant de La Flèche à Angers, à Tours, au Mans et à Alençon, ou du moins devant aller dans cette dernière ville sans la peste qui l'en empêcha. Le continuateur du *Roman* qui, bien que son livre ait été imprimé à Lyon, n'était probablement pas tout à fait étranger au Maine et à l'Alençonnais, précise davantage. Il dit qu'en quittant la bonne ville du Mans, les comédiens prirent la route d'Alençon *à l'ordinaire.* « J'ai dit à l'ordinaire, car ces sortes de gens (comme beaucoup d'autres) ont leur cours limité, comme celui du soleil dans le zodiaque. En ce pays-là, ils viennent

---

(1) Il était, dès avant 1637, à l'hôtel de Bourgogne.

de Tours à Angers, d'Angers à La Flèche, de la Flèche au Mans, du Mans à Alençon, d'Alençon à Argentan ou à Laval, selon la route qu'ils prennent de Paris ou de Bretagne (1). »

Les troupes de comédiens avaient donc en général un itinéraire fixe. Il est précieux de l'apprendre, car sans cela on eût pu croire qu'elles se transportaient du nord au sud suivant leurs caprices, leurs espérances de gain, les variations de température, qui devaient les porter à se rapprocher l'hiver du Midi, comme les hirondelles, et comme les représentants actuels de la bohème errante des saltimbanques. Les dangers de la concurrence qui, sans cette sage mesure, eussent été désastreux pour les moins bien doués de ces nomades, leur avaient fait adopter sans doute en principe cette ligne de conduite. Chacun de ces rois de théâtre s'était taillé un petit empire dans un coin de la France. Cependant les fêtes, les réunions d'états provinciaux, les invitations princières devaient souvent les faire dévier de leur route et empiéter sur le royaume du voisin. De là les inconvénients de ces rencontres fâcheuses de deux troupes de province en une même ville dont parle Chappuzeau, chacune faisant sa cabale, s'opiniâtrant à représenter, et une ville divisée comme pour Uranie et Job (2). De là ces rencontres dont il est question plus d'une fois dans l'histoire de la troupe de Molière, à Lyon, au château de La Grange, près de Pézénas, à Rouen enfin (3).

Mais en somme, puisque l'itinéraire était généralement fixe, et que chaque troupe avait son champ de courses quasi délimité où elle tournait pour ainsi dire toujours sur elle-même,

(1) *Roman comique*, 3e partie, chap. 1er.
(2) *Théâtre françois*, p. 88.
(3) A Lyon, au commencement de 1653, sans doute, avec la troupe d'Abraham Mitallat ; au château La Grange, à l'automne de la même année, avec la troupe de Cormier ; à Rouen, en 1658, avec la troupe de du Croisy. Sur Cormier, voir *Variétés historiques*, t. VII, p. 103, l'hypothèse de M. Edouard Fournier qui le croit le même que l'opérateur du Pont-Neuf, Cormier.

n'est-il pas opportun de chercher si quelque ville, dans le cercle des pérégrinations de la troupe du *Roman comique*, décrites par Scarron et son continuateur, ne laisse pas percer soit dans ses registres de l'état civil, soit dans ses registres municipaux, ses archives judiciaires et hospitalières, ses minutes de notaires, quelque nom de comédien à l'époque correspondant aux événements et aux origines de ce roman ? L'horizon des recherches ainsi agrandi et étendu en dehors du Mans dont, j'ai oublié de le dire, les archives locales ne nous apprennent rien sur ces comédiens, le plus beau fleuron de son ancien théâtre, si un nom d'acteur nous est alors révélé dans ces parages, ne serons-nous pas fondés à présumer qu'il peut appartenir à la troupe du *Roman*, et ne sera-t-il pas judicieux d'essayer le personnage, c'est-à-dire de le confronter avec les comédiens de Scarron ?

Malheureusement à la différence de Nantes, de Rouen, de la Vendée, elle-même, l'Anjou, le Maine, la Touraine, l'Alençonnais, sont restés en dehors ce que j'ai appelé la grande enquête ouverte sur l'histoire du théâtre à l'époque des pérégrinations de Molière, ou du moins ces provinces n'ont apporté, que je sache, aucun document particulier à cette histoire. Cependant on a plus d'une fois la preuve du passage à Angers notamment de comédiens nomades, qui venaient jouer au parc des jeux établi à demeure sur la place des Halles, payant le gîte d'une représentation ou le droit des pauvres au profit de l'Hôtel-Dieu. On les y rencontre en 1623, 1627, 1629, 1630, 1634. Quelquefois même ils étaient assez mal accueillis. En 1630, une troupe de comédiens fut expulsée d'Angers par l'hôtel de ville (1).

Il est également avéré que les bords de la Loire étaient souvent explorés par des troupes de comédiens de talent. Mademoiselle nous montre, dans ses *Mémoires*, son père

---

(1) Voir M. Port, *Dictionnaire de Maine-et-Loire*, V[is] *Angers*, *Théâtre* et *Archives municipales* d'Angers, p. 93, d'après B. B. 73, f° 25.

Gaston d'Orléans entretenant des comédiens à Tours et à Blois vers 1637 (1). Plus tard, au commencement de son court exil au lendemain de la Fronde, elle rencontra des comédiens à son passage à Orléans où se trouvait son père : « c'était une très-bonne troupe qui avait été tout l'hiver de devant (hiver de 1651 à 1652) à Poitiers avec la cour et l'avait suivie à Saumur. Elle avait eu beaucoup d'approbation de toute la cour. Je la fis jouer un soir à mon logis où son Altesse Royale vint. » Bientôt Mademoiselle eut elle-même à ses gages pendant tout l'hiver de 1653, jusqu'au carême, une troupe d'acteurs qui jouèrent sur le théâtre, bien éclairé et bien décoré, qu'elle avait fait monter à son château de Saint-Fargeau. Elle eut le plaisir de la rencontrer plus tard à Tours, ce qui la détermina à se donner de nouveau pendant deux mois, à Saint-Fargeau, le plaisir de la comédie, qui continua d'y être jouée pendant trois hivers de suite, de 1653 à 1655. La princesse nous apprend aussi qu'elle assista à la comédie à Blois, en octobre 1654 (2).

On trouve des troupes de comédiens dans l'Ouest jusqu'en Bretagne, notamment en 1648, ainsi que le montre l'historiette de Tallemant des Réaux relative au duc de Rohan-Chabot et à sa femme (3).

Ces pauvres comédiens, on ne se mettait guère en frais

(1) *Mémoires de Mlle de Montpensier*, 1746, in-16, t. Ier, p. 22 et 35.

(2) *Mémoires de Mlle de Montpensier*, t. II, p. 281, 283, 314, 334, 370, 371, et Walckenaër, *Mémoires sur Mme de Sévigné*, t. Ier, p. 492. La rencontre par Mademoiselle au commencement de février, à Orléans, en 1653, des comédiens qui avaient joué devant la cour, à Poitiers, en décembre 1651, semble bien indiquer que ce n'est pas la troupe de Molière qui se trouvait à Poitiers à cette date, ainsi que l'a prétendu notamment l'auteur du *Roman de Molière*. Au commencement de 1653, Molière est à Lyon, et assiste, le 23 février, au mariage de du Parc.

(3) *Historiettes*, t. III, p. 146. A propos des comédiens de campagne, en Bretagne, on me permettra aussi de rappeler ceux que Mme de Sévigné rencontra plus tard à Vitré, qui ne lui déplurent pas et lui tirèrent plus de six larmes. « N'est-ce pas assez, dit la spirituelle marquise, pour des comédiens de campagne ? »

pour eux ; on oubliait de se préoccuper de connaître leurs noms. Aussi sont-ils restés tous inconnus jusqu'ici.

Il est probable que si les curieux de ces diverses provinces se mettaient à l'œuvre, ils seraient payés de leur peine, comme l'ont été ailleurs les fureteurs de la vie de Molière ; mais il n'y a pas eu de recherche tentée dans ce sens en ces contrées-là et c'est une besogne qui ne peut être abordée que par des écrivains locaux. En ce qui me regarde, je l'ai entreprise pour Le Mans, mais infructueusement jusqu'ici.

A défaut de renseignements fournis par les Mémoires du temps et les explorateurs des archives locales, cherchons si nous n'en trouverons cependant pas quelque part sur les troupes exploitant alors ces provinces de l'Ouest.

Le *Théâtre françois* de Chappuzeau renferme un bien curieux passage. Après avoir parlé des rencontres fâcheuses de deux troupes de comédiens dans une même ville, il ajoute :

J'ay veu aussi des troupes s'accorder en ces occasions, se mesler ensemble et ne faire qu'un théâtre. Il me souvient qu'en 1638 *cela fut pratiqué à Saumur par deux troupes que l'on nommait alors de* FLORIDOR *et de* FILANDRE, *parce que ces deux comédiens annonçoient et qu'ils estoient les meilleurs acteurs. Elles trouvèrent plus d'avantage en cet accommodement et en furent louées de tous les honnêtes gens, qui furent édifiés de leur bonne intelligence* (1).

Voyant ces deux bandes de comédiens en 1638, c'est-à-dire au moment même du séjour de Scarron au Mans, à Saumur, c'est-à-dire sur le chemin d'Angers à Tours, j'ai toujours considéré ces lignes comme un précieux trait de

---

(1) *Théâtre françois*, p. 88. On voit que Chappuzeau paraît parler d'après ses souvenirs personnels (*j'ai veu, il me souvient*). En sa qualité de réformé, il n'y aurait rien d'étonnant à ce qu'il eût passé, comme la plupart de ses jeunes coreligionnaires, par l'Académie protestante de Saumur. Seulement Chappuzeau, né en 1625, était encore bien jeune écolier en 1638, pour s'occuper dès lors de théâtre.

lumière, comme pouvant renfermer le mot de l'énigme de la troupe du *Roman comique*.

Je ne m'étais pas trompé, mais restait à savoir s'il s'agissait chez Scarron de la troupe de Floridor ou de la troupe de Filandre. L'apprendre n'était pas chose aisée, car si les traits épars de la figure de Floridor, une fois rassemblés, étaient assez nombreux pour recomposer son individualité, et le comparer à Destin ou aux autres comédiens du Mans, que savait-on de Filandre, et dès lors quelle induction tirer de cette comparaison? On va voir qu'il restait encore assez de points obscurs dans cette énigme, pour piquer l'intérêt et la perspicacité des chercheurs.

Est-ce à Floridor et à Marguerite Baloré sa femme qu'on avait affaire dans la personne de Destin et de Mlle de l'Étoile? On eût pu tout d'abord croire la chose vraisemblable. Comme Destin, Floridor est un comédien d'élite, un lettré ; il fut honoré de l'amitié de Corneille, c'est tout dire.

Comme Destin, c'est un *honnête homme*, vrai type de probité ayant su se faire bien voir du roi qui ne prodiguait pas son estime. Tous deux sont quelque peu nobles. Les curieux connaissent tous la requête que Josias de Soulas, *écuyer*, sieur de Primefosse (c'est le vrai nom de Floridor), présenta au roi en 1668 pour être autorisé à justifier de sa noblesse. Supérieur à la plupart de ses camarades autant par le mérite que par l'éducation, il laissait, dit-on, percer le gentilhomme sous le masque du comédien. Ses parents Georges de Soulas, et Judith Donnay, sa mère, après avoir demeuré en Brie, ont habité la capitale (*Voir* Jal), tout comme le père de Destin, que Scarron fait habitant de Paris après nous l'avoir montré dans un village voisin. Comme Destin, Floridor est entré au théâtre par circonstance, sans que ce fût chez lui affaire de vocation, et s'est révélé artiste tout d'un coup. Braves l'un et l'autre, ils ont été blessés tous deux. Floridor a vu le feu des batailles, porté le mousquet dans le régiment des gardes-françaises et le régiment de Rambures et a reçu un coup d'épée dans le poumon. Son âge cadre assez bien avec celui de l'amant de Mlle de l'Étoile ; il devait avoir environ trente ans en 1638.

Sa troupe est la meilleure, dit-on, des bandes de comédiens de son temps, et ses tournées lui rapportèrent d'assez beaux deniers, pour qu'il pût, après avoir passé trois ans au Marais, acheter en 1643, chose à peine croyable, moyennant la somme considérable de 20,000 livres, la place à l'hôtel de Bourgogne, de Bellerose qui se retirait alors (1). Je regrette beaucoup, je l'avoue, de ne pas connaître la composition *vraie* de la troupe de campagne que dirigea Floridor et dont quelques sujets le suivirent peut-être lors de son entrée au Marais, en 1640 (2).

Cette connaissance serait précieuse à la fois et pour l'histoire de l'ancien théâtre et pour celle même des comédiens du *Roman comique*, qui, à défaut de son chef, auraient pu compter parmi eux quelques acteurs de cette troupe.

Car, quant à Floridor, malgré ces analogies et tout bien pesé, il faut renoncer, quoiqu'à regret, à le prendre pour Destin, puisque Scarron lui-même a éliminé de sa troupe ce célèbre acteur, en faisant dire par la Rancune, à propos des grands comédiens de Paris, qu'il trouvait *Floridor trop froid*. J'ajoute aussi qu'un des principaux obstacles à cette identification, c'était la femme de Floridor, Marguerite Baloré, comédienne du Marais, qu'il avait épousée avant 1642, et qui le suivit à l'hôtel de Bourgogne où elle eut une carrière sans éclat. Non-seulement Mlle de l'Étoile dut avoir une carrière théâtrale plus en relief que celle de Marguerite Baloré, mais

---

(1) M. Ed. Fournier dit qu'il s'était fait une fortune en allant jouer à Londres.

(2) Je n'ai pas besoin de dire qu'il ne faut pas ajouter foi aux allégations de Titon du Tillet, écrivant en 1732, dans son *Parnasse français*, que le premier Baron (André), s'engagea à Bourges dans une troupe de comédiens qu'il suivit à Paris « et où se trouvaient Montfleury, *Floridor*, Beauchasteau, Mlles du Parc, Duclos, et enfin la femme de Baron (Jeanne Auzoult.) »

d'autres particularités relatives à la famille de cette actrice ne cadrent nullement avec celles de la vie de l'Étoile ou de Léonore. La mère de *Mademoiselle de Floridor*, dont les registres de la paroisse Saint-Sauveur ne donnent malheureusement pas le nom, ne fut inhumée que le 2 février 1664, tandis que la mère de Léonore, Mlle de la Boissière, était morte avant que sa fille eût fait son entrée dans les coulisses d'un théâtre.

Renonçons donc à voir dans Floridor le type de Destin, tout séduisant que nous paraissait ce grand comédien *honnête homme*.

CHAPITRE III.

Filandre à Saumur en 1638. — Tallemant des Réaux, en 1657, le met sur le même pied qu'un *garçon nommé Molière*. — Son rôle et sa troupe dans l'*Agésilan de Colchos* de Rotrou. — Son vrai nom de Jean-Baptiste de Monchaingre. — Rareté des renseignements donnés, dans ces derniers temps seulement, sur son compte. — Ses voyages en Hollande. Anecdote de Jeanne Olivier-Bourguignon, recueillie par Filandre. — Son mariage à Lyon avec Jean Pitel de Beauval. — Erreurs des frères Parfait et des autres historiens du théâtre. — Le prétendu Paphetin soi-disant différent de Filandre. — Une trinité de noms. La vérité sur le cas de Paphetin. Pourquoi ce nouveau surnom donné à Monchaingre? — Date précise du mariage de la Beauval à Lyon. — Vente des habits de théâtre de Filandre à Baron, en août 1670. Le billet de Rollet. — Filandre assiste au mariage d'une fille de la Beauval, en 1683, avec le titre d'*officier de M. le Prince*. Que veut dire cette qualité?

Arrivons à Filandre.

La troupe de ce comédien, bien qu'elle ne soit aujourd'hui connue que de rares curieux, était cependant une des plus célèbres troupes de campagne de son temps ; elle eut une célébrité précoce, puisque Chappuzeau parle de ses représentations de 1638, à Saumur, et que, comme nous le verrons, on la retrouve trente ans plus tard et même encore plus près de la fin du siècle.

C'est, avec la troupe de la Béjart, la seule troupe de campagne que mentionne Tallemant, qui écrivait son historiette des comédiens à la fin de 1657 : « Il y a, dit-il, dans une autre troupe un nommé Filandre qui a aussy de la réputation, mais il ne me semble pas naturel (1). »

Filandre, on le voit, a de la réputation; il a un nom, qui à cette époque (cela s'entend), était presque l'égal de celui de Molière courant les provinces; il sort de la tourbe innomée des comédiens de campagne. On est tout de suite tenté de voir en lui le sosie d'un des acteurs du *Roman comique*.

Malheureusement, ce qu'on savait de Filandre jusqu'ici était bien peu de chose, et ne permettait guère de recomposer sa personne et de la comparer à celle d'un des acteurs de la fameuse troupe de Scarron.

D'après le jugement de Tallemant des Réaux, il était sans doute un comédien de l'école de Bellerose, que la Rancune disait trop affecté, que Tallemant lui-même appelait « un comédien fardé, regardant où il jetteroit son chapeau, » et à qui Mme de Montbazon trouvait l'air trop fade (2).

Comme Bellerose et Floridor, il jouait les grands rôles de la tragédie, à une époque où toutefois le même acteur faisait les personnages de rois et de paysans. On ne connaîtrait pas d'une façon certaine le genre de rôles qu'il remplissait, sans une distribution des rôles de l'*Agésilan de Colchos*, de Rotrou, dont M. Édouard Thierry vient de dire incidemment

---

(1) *Historiettes*, t. VII, p. 177. D'après Tallemant, M. Despois met les deux troupes sur le même plan en disant qu'elles paraissent avoir été généralement distinguées des autres du même temps. (*Théâtre français sous Louis XIV*, p. 94.) Tallemant était difficile, tout en sachant juger du talent des acteurs. Il dit du *garçon nommé Molière*, qu'il ne le trouve pas un merveilleux acteur, si ce n'est pour le ridicule.

(2) L'auteur des *Historiettes* dit même de Floridor : « C'est un médiocre comédien, quoi que le monde en veuille dire. Il est toujours pâle. » (*Historiettes*, t. VII, p. 176.)

— 50 —

quelques mots dans sa préface du *Journal de La Grange*, et où se trouve le nom de Filandre (1).

Cette curieuse liste de noms de comédiens se trouve manuscrite en tête de l'édition originale de la pièce de Rotrou, comprise dans le précieux recueil in-4 du théâtre de cet auteur, à la Bibliothèque de l'Arsenal, Filandre joue le personnage de *Florisel*, c'est-à-dire un grand rôle d'amoureux, mais non pas de jeune premier ; c'est, comme on disait alors, le principal rôle noble de cette tragi-comédie.

Les autres rôles mentionnés sont remplis comme il suit :

Rosaran (c'est le capitan de la pièce), Guérin ;

Diane (c'est l'amoureuse, la jeune première), Mlle Guérin ;

Anaxarte (c'est un rôle de tout jeune amoureux) et un page, *le petit* Guérin.

Cette énumération des principaux acteurs d'*Agésilan de Colchos* nous fait connaître, à une certaine époque, la composition de la troupe de Filandre. A quelle date faut-il la rapporter (2) ?

La pièce de Rotrou a été imprimée en 1637 et jouée dès 1635. Dans le *Baron de la Crasse*, qui date de 1662, Raymond Poisson cite comme un trait de provincialisme arriéré, la demande au comédien par le baron, comme pièce nouvelle, de cette tragi-comédie de Rotrou :

« LE BARON. — Avez-vous quantité de ces pièces nouvelles ?
« LE COMÉDIEN. — Quelles ?
« LE BARON. — L'*Agésilan de Colchos*, l'avez-vous ?
« LE COMÉDIEN. — Non... »

On peut présumer, pour ce qui a trait à Filandre, qu'il s'agit d'une représentation ayant eu lieu de 1650 à 1655. Dans le rôle de *Florisel*, il joue un personnage dans la pleine vigueur de son âge, un homme fait et bien proche de qua-

---

(1) *Charles Varlet de La Grange et son registre*, édit. in-8°, note de la p. 45.
(2) On peut la comparer, comme curiosité, à la distribution des rôles inscrite sur un exemplaire de l'*Andromède* de Corneille, joué par la troupe de Molière. — Voir à l'*Appendice* les noms des autres acteurs d'*Agésilan*

rante ans. Il est père de *Diane*, la jeune héroïne de la pièce de Rotrou.

D'autres acteurs permettent de serrer de plus près encore la question des dates.

Ce sont les trois Guérin qui figurent aussi dans la pièce. Guérin-*Rosaran* et Mlle Guérin-*Diane* sont sans doute le comédien Charles Guérin et sa femme Françoise d'Étriché de Bradane, morte le 23 juin 1688, à l'âge de soixante et onze ans, c'est-à-dire le père et la mère du second mari de la femme de Molière. Vers 1650, Mlle Guérin avait trente-trois ans environ ; en 1655, elle approchait de la quarantaine, âge auquel il est grand temps de renoncer aux rôles de jeunes premières (1). Leur fils, *le petit* Guérin, qui joue le rôle de page et du prince *Anaxarte*, c'est à-dire Isaac François Guérin, sieur d'Étriché, mourut le 25 juillet 1717, à l'âge d'environ qua-

---

(1) Ce Guérin est sans doute l'acteur qui jouait à La Haye le 21 mars 1638 et dont parle une lettre de Du Buisson que j'ai déjà indiquée à propos de la troupe du prince d'Orange : « Les divertissemens sont en cette ville et dans la cour qui est aussi grosse qu'elle sçauroit estre... et dans les comédiens qui ne nous manquent point d'un seul jour, si ce n'est le dimanche, par la troupe de Guérin dit l'Espérance, les deux Barrés, La Fontaine et son fils, et Cossart, dit le docteur Fariolo, qui font du mieux qu'ils peuvent sur le théâtre qu'ils se sont basti dans le manége du prince. »

— Ce docteur Fariolo me fait rappeler qu'on sait peu de choses jusqu'ici des différents acteurs qui ont joué le rôle de *docteur*, ce type si souvent exploité au théâtre d'alors, à l'exemple de la comédie italienne. Si l'on connaît le nom et le type de Boniface, que sait-on de Fabrice ? Ce Fabrice était un type si populaire que Le Vert, dans son *Docteur amoureux*, joué à l'hôtel de Bourgogne en 1637, imprimé en 1638, et où il fait figurer dans un rôle épisodique seulement le docteur Fabrice, vieux pédant et vieil amoureux ridicule, dit qu'il a cependant donné ce titre à sa pièce voulant « imiter les comédiens qui ont toujours convié les honnêtes gens et attiré les bourgeois sous le nom de Fabrice. » — Le docteur Gratian qu'on voit jouer à Vincennes devant la cour, en mai 1659, n'est pas un acteur français comme l'a cru M. Ed. Thierry, mais le comédien italien connu sous le nom de Gratiano Baloardo. Le *Docteur* figure dans le portrait des principaux farceurs italiens et français du foyer des artistes à la Comédie française, dont M. de La Pilorgerie possède une répétition.

tre-vingt-deux ans. Il était né vers 1636 ou 35. Il ne pouvait guère jouer les rôles de jeune premier avant quinze ans, c'est-à-dire avant 1650 (1).

On peut donc par là présumer la date approximative de la distribution des rôles d'*Agésilan de Colchos*. C'est la seule pièce, en y ajoutant un rôle joué sur le théâtre de Lyon, dont nous parlerons plus loin, qu'on sache nettement avoir été jouée par Filandre, rival et contemporain de Molière dans ses courses à travers les provinces.

A côté de ce nom de théâtre, on ne connaissait pas son nom véritable avant ces dernières années; qui plus est, on a coupé sa personne en deux et l'on s'est obstiné à voir deux acteurs, deux chefs de troupe, là où il n'y a qu'un seul et même individu.

C'est depuis dix ans environ, seulement, que MM. Édouard Fournier et Jal ont su que Filandre s'appelait de son vrai nom Jean-Baptiste, sieur de Monchaingre (2). Les frères Parfait, Lemazurier et, après eux, les récents historiens du théâtre au xviie siècle, avaient entrevu, il est vrai, ce nom de Monchaingre tout en le défigurant. Ils parlent en passant d'un

---

(1) Le petit Guérin resta-t-il longtemps dans la troupe de Filandre? Chappuzeau, en 1673, l'indique comme faisant partie de la troupe du duc de Savoie. On connaît bien peu son histoire avant son entrée au Marais où il ne resta, dit-on, qu'un an, avant la jonction avec la troupe de Molière. Ses amours avec Mlle Guyot, puis son mariage avec Mlle Molière, ont fait sa réputation.

Il joua sans doute longtemps dans les Flandres. Beaucoup d'acteurs du Marais, comme Guérin, avaient passé par cette province; aux noms des comédiens bien souvent cités, j'ajouterai ces lignes extraites de l'avis au lecteur du *Médecin volant* de Boursault, imprimé à la fin de décembre 1664, après avoir été joué dès novembre 1661 à l'hôtel de Bourgogne. « Il est vrai qu'on le représente au Marais; mais, quoiqu'il soit en vers, on peut dire que la poésie ne lui a point donné de grâce; véritablement *les nouveaux acteurs qui sont entrés dans cette troupe* l'ont rapporté des Flandres et c'est pour cela que le langage de cette pièce est si corrompu. »

(2) M. Ed. Fournier, *Roman de Molière*, p. 101, et Jal, *Dictionnaire*, voir *Monchaingre*. Ce nom se trouve aussi écrit Montchaingre, Moncheingre, Monchingre.

comédien nommé *Monsinge*, *Monchinge*, *Moncheindre* ; mais ils le distinguent de Filandre et l'identifient avec un autre prétendu comédien, soi-disant attelé comme lui au chariot de Thespis, le comédien Paphetin (1). On va voir s'épanouir bientôt dans tout son plein cette confusion.

Quant à la troupe de Filandre, on avait appris bien peu de choses sur son compte. On savait vaguement qu'elle avait été en Hollande. On disait, sans donner de preuves, que Brécourt, le fils du comédien Beaulieu ou Pierre Marcoureau, y avait joué avec elle la comédie et que son talent avait été découvert par Filandre. Mais une curieuse anecdote que voici, confirmait d'une façon plus précise le passage de cette troupe en Hollande.

Ce fut dans une de ses courses dans ce pays et dans les Flandres, que Filandre vit chez la blanchisseuse qui avait soin du linge de la comédie une fillette de dix ans, née en Hollande de parents inconnus qui l'avaient abandonnée. Enfant de l'amour et du hasard, elle avait été trouvée sur les marches d'une église, comme le fut plus tard d'Alembert, le fils de Mme de Tencin et du chevalier Destouches. La brave femme qui l'avait recueillie lui avait servi de mère. Filandre à son tour adopta cette orpheline (2), qui grandit dans sa troupe, au milieu des tirades tragiques et des gaillardes reparties des servantes délurées. Des rôles d'enfant elle passa à ceux des jeunes amoureuses et des soubrettes accortes, suivant partout dans ses courses errantes le digne comédien qui lui tenait lieu de père. On l'appelait Jeanne Olivier-Bourguignon.

La troupe dont Filandre était l'orateur et le directeur se

---

(1) Les frères Parfait, t. XIV, p. 528 ; Lemazurier, *Galerie du théâtre français*, t. Ier, p. 129, et t. II, p. 24.

(2) Les frères Parfait, et ceux qui les ont copiés, disent que *n'ayant pas d'enfant*, il s'était promis d'adopter un orphelin ; nous verrons par l'acte de décès de son fils, que cette assertion n'est pas des plus exactes.

trouvait à Lyon vers 1664, époque à laquelle l'histoire du théâtre lyonnais, récemment élucidée jusqu'au départ de Molière par M. Brouchoud, cesse d'être aussi bien connue qu'avant 1658. Elle y jouait avec succès, dit-on, la tragédie, la comédie et la farce, et comptait quelques acteurs sachant se distinguer par un réel talent.

Ici la fable va commencer à se mêler à la vérité. Filandre se serait rencontré à Lyon avec la troupe d'un autre directeur, celle de Paphetin, qui y donnait aussi, dit-on, des représentations. Les deux bandes se seraient disputé les faveurs du public. Paphetin aurait cherché même à faire des recrues dans la troupe de Filandre ; il lui aurait arraché sa protégée, sa pupille qui avait su plaire aux Lyonnais, et qui, oublieuse et ingrate comme bien des princesses de la rampe, n'aurait pas eu honte d'abandonner son bienfaiteur et de passer dans la troupe de Paphetin. J'expliquerai plus tard que c'est là tout simplement un roman, et je dirai ce qui lui a donné naissance.

Bientôt après Jeanne Olivier-Bourguignon contractait avec le moucheur de chandelles de la troupe de Paphetine Jean Pitel, le singulier mariage que l'on sait, vrai mariage de comédie, malgré la présence du curé, et qui prouve qu'elle avait à le fois autant de tête que de finesse et de malice. Son caractère la destinait évidemment à jouer les rôles de servantes maîtresses, ayant la langue bien pendue, et aimant les bons tours de la comédie italienne ou de la farce gauloise.

Afin de parer aux obstacles apportés à son mariage par Paphetin et au refus de bénédiction nuptiale fait par tous les prêtres de Lyon, par suite de la défense obtenue de l'archevêque, elle déclara publiquement prendre pour époux, à la face de l'église et de tous les fidèles, Jean Pitel, caché sous la chaire, au moment où le curé de la paroisse finissait le prône et ne s'attendait pas à être ainsi témoin malgré lui de ce mariage impromptu, qui vit tous les obstacles tomber devant son étrangeté même (1). Jean Pitel et sa femme étaient destinés à devenir célèbres sous le nom de Monsieur et de Mademoiselle Beauval.

Voilà ce que racontent, à propos de l'histoire de la Beauval, les frères Parfait, copiés par de Mouhy, par Lemazurier, par Soleirol, par Jal, etc. Eh bien, comme je l'ai dit, il y a dans le récit de cette aventure une part de roman qui a embrouillé singulièrement la véritable histoire de Filandre.

Le roman, c'est la prétendue rencontre à Lyon de Filandre et du soi-disant comédien Monchaingre, dit Paphetin ; c'est l'enlèvement de Jeanne Olivier-Bourguignon par Paphetin à son père adoptif. Tout cela n'a existé que dans l'imagination de ceux qui ont raconté le mariage de la Beauval aux frères Parfait, d'après des souvenirs lointains et bien effacés. Tout cela n'est qu'une fable, pour une bonne raison, c'est que Filandre, Monchaingre et Paphetin sont un seul et même comédien, et que c'est bien à tort que les frères Parfait et leurs émules l'ont coupé en deux pour en faire deux rivaux. L'identité de Filandre et de Monchaingre n'est plus à prouver aujourd'hui, et je la rendrai plus évidente encore à l'aide des actes de l'état civil. Mais que penser de Paphetin ?

M. Jal, tout en restituant à Filandre, dans l'aventure de la Beauval, son vrai nom de Monchaingre, a fait un personnage distinct de Paphetin et continué à croire à la dualité des deux comédiens. Dès lors qu'il reconnaissait que Monchaingre et Filandre ne faisaient qu'un, cela eût dû lui faire ouvrir les yeux et découvrir son erreur. Car puisque les frères Parfait, Lemazurier e *tutti quanti* disaient que Filandre s'était rencontré à Lyon avec *Monsinge,* jouant sous le nom de Paphetin (ou plus connu sous le nom de Paphetin), cela indiquait bien que Paphetin et Monchaingre étaient une seule et même personne. M. Jal oublia de s'en apercevoir, ou il lui répugna

(1) Le moyen auquel eut recours Jeanne Olivier-Bourguignon, pour se marier, figure aussi à l'état d'essai dans les *Promessi sposi* de Manzoni.

de croire que le même acteur eût eu trois noms à la fois.
C'était cependant la vérité. S'il avait lu attentivement les
frères Parfait (qui eux n'avaient pas eu connaissance de
l'identité de Monchaingre et de Filandre), il eût facilement
reconnu son erreur. Ces historiens du Théâtre-Français citent
en effet cette note, extraite, disent-ils, d'un manuscrit d'un
anonyme : « La Beauval avait été élevée par M. de Monchindre, vieillard de bonne mine, que j'ai vu. *Son nom de
théâtre à Lyon était Paphetin* (1). »

Voilà clairement établie l'identité de Filandre, de Monchaingre et de Paphetin, et je crois inutile d'insister davantage.

Pourquoi le vieux comédien prit-il à Lyon ce second nom
de théâtre de Paphetin, analogue à ceux des acteurs de la
Comédie italienne, Mezzetin, Truffaldin, Trivelin, etc. ?
L'adopta-t-il pour faire oublier son nom trop antique et quasi
aussi vieux que l'Astrée, pour se rajeunir en quelque sorte
alors qu'il touchait à la fin de sa carrière théâtrale, à l'exemple
d'une beauté sur le retour qui se déguise pour reparaître plus
provocante et conquérir de nouveaux adorateurs ? Ne trouvat-il pas que son nom de pastorale ne convenait qu'à des amoureux, à des bergers, à des jeunes premiers en un mot, et
n'était plus de saison pour un personnage mûr et un vieillard
de son âge ? Son nouveau nom lui vint-il d'un rôle où il avait
eu un grand succès et sous la physionomie duquel le public
aimait et était habitué à le contempler, comme il en arriva
pour la plupart des acteurs de son temps, le capitan Matamore, Philippin, Jodelet, Gros-René, etc., plus connus sous
ces noms de théâtre, empruntés à leurs rôles, que sous leurs
noms véritables de Bellemore, de Villiers, Julien Bedeau et du
Parc ? C'était l'habitude alors d'imposer aux acteurs, jusque
dans la vie privée, le sobriquet du rôle qu'on s'était plu à leur
voir jouer dans la farce. Ce fut l'usage pour tous les acteurs
de la Comédie italienne, et peu s'en fallut que les surnoms de

---

(1) *Histoire du Théâtre français*, t. XIV, p. 533.

Mascarille ou de Sganarelle n'effaçassent même celui de Molière lors de ses débuts à Paris sur le théâtre de Monsieur. Les vieux acteurs de l'hôtel de Bourgogne avaient aussi porté plusieurs noms de théâtre, et leur sobriquet variait suivant qu'ils jouaient un rôle noble ou comique.

On peut choisir pour Filandre entre ces diverses hypothèses plus ou moins probables. Toujours est-il qu'il devint célèbre sous ce nouveau nom, qui, porté par lui alors qu'il était parvenu à l'apogée de sa réputation, fit mettre à Lyon les autres en oubli (1).

Les frères Parfait disent en effet qu'on rencontre le portrait gravé du comédien Paphetin dans les cabinets des curieux (2). J'ai inutilement cherché ce portrait au cabinet des Estampes à Paris et à Lyon, où il y avait cependant le plus de chances de le découvrir.

Monchaingre ne se doutait pas que cette trinité de noms nuirait à sa réputation posthume, et serait cause à son détriment de bien des erreurs. Dieu sait combien les plus habiles se sont trompés sur son compte, ne sachant comment reconnaître la troupe de ce pauvre Paphetin, ni à quelle date la saisir au passage ! M. Lacroix est allé jusqu'à faire rencontrer Molière lui-même à Lyon, en 1653, avec la troupe de Monsinge dit Paphetin dans laquelle se trouvait, dit-il, la jeune élève de Filandre, Jeanne Olivier-Bourguignon, troupe qui se serait débandée à son approche. M. Fournel s'est borné, comme les autres, à mettre côte à côte Monsinge dit Paphetin et Filandre,

---

(1) Il est probable que ce surnom lui vint d'un rôle joué à Lyon, car même dans les autres villes voisines, à Dijon par exemple, il continue à cette époque à être connu sous le nom de Filandre. Paphetin est sans doute le nom d'un personnage du Théâtre lyonnais.

(2) *Histoire du Théâtre français*, t. XIV, p. 528. De Beauchamp, qui n'est pas tombé dans les erreurs des autres historiens du théâtre, à l'égard du père adoptif de la Beauval, et qui lui donne le nom de Monsinge, dit aussi : « son nom de théâtre était Paphetin. Il y a de lui une figure gravée *sous ce nom.* » (*Recherches sur les théâtres de France*, t. III, p. 376, in-12, 1735.)

et c'est cette même date de 1653 qu'il a choisie malencontreusement (1).

J'espère que désormais l'histoire de la Beauval et de Monchaingre ne sera plus dénaturée par des détails apocryphes. Monchaingre ne se vit pas enlever sa pupille, qui, ce fut à ce moment toute son ingratitude, voulut seulement se marier malgré lui à un simple moucheur de chandelles, dans lequel elle reconnaissait une pâte molle de mari complaisant, alors que son père adoptif rêvait sans doute pour elle un avenir plus relevé. Malgré cette incartade, il voulut bien la garder dans sa troupe, et éleva Jean Pitel au rang d'acteur. Il est probable que la jeune et volontaire actrice, reconnaissante des bons procédés de son protecteur, continua, ainsi que son mari, à faire partie des comédiens de Monchaingre. Je reviendrai du reste sur ce point très-important pour l'histoire de Filandre; car on sait que quelques années plus tard, le 1er août 1670, un ordre du roi enlevait Jean Pitel et sa femme (transformés en M. et Mlle Beauval) à la troupe dans laquelle ils jouaient tous deux à Mâcon, pour les faire passer sur le théâtre de Molière.

A quelle date précise eut lieu le mariage de la Beauval à Lyon ? Il y a eu, je viens de le dire, de graves inexactitudes émises à cet égard. Les uns sont allés jusqu'à parler de 1653, époque à laquelle Jeanne Olivier n'avait guère que quatre à cinq ans. D'autres comme Soleirol, dont M. Louis Moland a reproduit les dires, rapportent son union avec Jean Pitel à 1669 (2). M. Brouchoud dit qu'il n'a pas trouvé trace de son mariage. M. Péricaud le rattache à 1666, mais seulement d'après l'opinion de M. Taschereau dans sa *Vie de*

---

(1) M. Paul Lacroix, *Jeunesse de Molière*, p. 86, et M. Fournel, *Curiosités théâtrales*, p. 87.

(2) Voir Soleirol, *Molière et sa troupe*, p. 75, et M. Moland, *OEuvres de Molière*, t. II, introd. Soleirol a trouvé moyen d'émettre encore plus d'erreurs que de coutume sur le compte de la Beauval. — Il signale aussi sa présence à Rouen en 1667.

Molière (1). Cette dernière date a été aussi adoptée par M. Jal. Elle est cependant trop tardive. Car la Beauval ayant eu, en 1665 au plus tard, un premier enfant, une fille Louise qui jouait Louison du *Malade imaginaire* à huit ans, le 10 janvier 1673 et qui en se mariant en 1683 est dite avoir environ dix-huit ans (et les actrices, loin de se vieillir, se rajeunissent largement), il faut bien que le mariage de Lyon, à moins qu'il ne fût fait *in extremis*, soit antérieur des neuf mois ordinaires, ce qui fait remonter la scène de l'église à 1664 sinon à 1663 (2).

La Beauval mourut le 21 mars 1720, âgée d'environ soixante-dix ans, dit son acte de décès; les contemporains la font mourir âgée de soixante-treize ans, ce qui semble plus exact et la fait naître vers 1647. Les registres paroissiaux l'auraient ainsi rajeunie de trois ans; c'est une bagatelle, surtout pour une ancienne soubrette de théâtre (3).

En 1664, moment probable de son mariage, elle avait donc dix-sept ans tout au plus. Si elle avait été recueillie par Monchaingre à l'âge de dix ans, c'est donc vers 1657 qu'avait eu lieu cette tournée de la troupe française en Hollande et dans les Pays-Bas. C'est cette année-là que MM. de Villiers, je l'ai dit, virent représenter la *Mort de Pompée* à Bruges par une troupe « qui avait été à feu M. le prince d'Orange. » Ce pouvait donc fort bien être la troupe de Monchaingre (4).

---

(1) M. Brouchoud, *Origines du théâtre de Lyon*, p. 41 ; M. Péricaud, *Notes et documents pour servir à l'histoire de Lyon sous Louis XIV*, 2e partie, p. 58.

(2) J'ajouterai plus tard d'autres preuves en faveur de cette date. Ainsi que je le dirai plus bas, on rencontre à Lyon, dès le 10 mai 1661, le nom du comédien Beauval.

(3) Jean Pitel mourut le 2 décembre 1709, âgé de soixante-quatorze ans. M. Hillemacher lui a donné une place dans sa *Galerie de la troupe de Molière*, p. 43, d'après un portrait à l'aquarelle sur vélin. Il a reproduit la Beauval, p. 107, d'après un portrait peint à l'huile. Soleirol cite d'elle trois portraits.

(4) Une des pièces de Chappuzeau, *Damon et Pythias*, fut aussi jouée à Bruges en 1656. Ne serait-ce pas même parce que Monchaingre était

C'est vers cette époque-là même qu'elle était parvenue à la réputation dont parle Tallemant des Réaux.

Ce n'est malheureusement qu'à de rares intervalles qu'on rencontre la trace de Monchaingre, tout comédien renommé qu'il était de son temps, et ce n'est qu'à grand'peine qu'on peut recueillir les rares mentions faites de son nom, et laissées éparses jusqu'ici sans qu'on les ait rassemblées en gerbe.

Quand on le retrouve en 1670, il semble avoir la velléité de quitter le théâtre, car on le voit vendre ses habits à Baron.

M. Edouard Fournier a joliment raconté cette anecdote (1). Quand le jeune Baron revint à Paris, en 1670, de la troupe de campagne à laquelle l'enlevait la volonté du roi, n'ayant ni écus ni garde-robe dans sa valise, Molière vint généreusement à son secours, au risque de n'être payé, comme il arriva, que par de l'ingratitude. Il lui donna les moyens de se procurer des vêtements de théâtre. « La garde-robe d'un vieux comédien nommé Filandre qui avait eu de la réputation en son temps, dit M. Edouard Fournier, se trouvait à vendre. » Molière se fit la caution du jeune Baron vis-à-vis de Filandre qui lui vendit ses costumes de roi, de marquis et d'amoureux moyennant 300 livres, somme assez mince même alors. Un acte fut passé en bonne forme par-devant notaire, révélant cette fois d'une façon authentique les noms du sieur de Monchaingre, dit Filandre, et de demoiselle Moinier sa femme (ce dernier nom resté inconnu jusqu'à la découverte de cet acte).

L'ingrat Baron oublia de payer, bien entendu ; la créance n'était pas encore remboursée quand mourut Molière, qui l'avait cautionnée. Elle était passée entre les mains de Rollet,

---

toujours demeuré en Hollande qu'on n'a guère trouvé jusqu'ici de traces de lui en France, de 1638 à 1657, c'est-à-dire dans l'intervalle compris entre les deux mentions de Chappuzeau et de Tallemant des Réaux ? — Voir à l'*Appendice* la preuve de sa présence à La Haye et à Bruxelles en 1656-57 et antérieurement en Suède.

(1) *Roman de Molière*, p. 101 et suiv.

fameux usurier et fameux fripon, qui avait acheté le titre. Demeurée à la charge de la succession de Molière, elle fut payée par sa veuve, le 3 juin 1673, avec les intérêts qui étaient dus (1).

On pouvait croire qu'après cette vente de ses habits de théâtre, le vieux Monchaingre avait dit adieu pour toujours à la scène et qu'il annonçait nettement par là même l'intention de se reposer de ses longues courses nomades, lui qui brûlait les planches depuis près de trente-cinq ans.

L'acte du 31 août 1670 contenait la dernière mention de son nom, qui fut connue quand M. Jal vint le montrer encore vivant, et au milieu de comédiens ses camarades, treize ans plus tard, en 1683. Qui se fût attendu à une pareille longévité, pour ne pas dire à une telle résurrection ! Rien n'est plus authentique cependant.

(1) M. Edouard Fournier a raconté l'histoire de ce marché, d'après les *Mélanges curieux et anecdotiques tirés d'une collection d'autographes* de M. Fossé d'Arcosses, Techener, 1861, in-8º, p. 396, nº 779. Ce dossier était venu de chez un charcutier d'Auteuil. Voir M. Feuillet de Conches, *Causeries d'un curieux*, t. II, p. 485.

Voici l'analyse de la pièce telle qu'elle est faite dans le catalogue d'Arcosses : « 31 août 1670, Obligation contractée par le sieur Monchaingre, dit Filandre, et la demoiselle Moinier, envers Charles Rollet, procureur au Parlement de Paris, pour la somme de 300 livres qu'il leur a prêtée, et, en garantie de ce prêt, ils lui font cession et transport d'une créance de pareille somme de 300 livres, à eux appartenant, sur le sieur Michel Baron, comédien de la troupe du Marais, pour habits qu'ils lui ont vendus et livrés, pourquoi Molière est intervenu comme caution du sieur Baron et s'est obligé personnellement envers Rollet.

« Ensuite est la quittance, tant de la somme principale de 300 livres que des intérêts et dépens adjugés par sentence du Châtelet, rendue à l'encontre de la veuve Molière, de Baron et des sieur et demoiselle Filandre, en faveur de Rollet, qui a signé la quittance le 3 février 1673. »

L'acte du 31 août 1670 est le seul qui constate d'une façon authentique des rapports entre Molière et Monchaingre. Segrais, ou du moins le *Segraisiana* (éd. de 1721, p. 212), dit des *Précieuses ridicules* : « La pièce ayant eu l'approbation de tout Paris, on l'envoya à la cour, qui étoit alors au voyage des Pyrénées, où elle fut très-bien reçue. » Si la pièce fut représentée, elle dut l'être par la troupe de Monchaingre et de Longchamp qui, comme on le verra, jouait alors devant le jeune roi.

Le 10 janvier 1683, Jean-Baptiste *Monchaingre* assiste à Paris au mariage de la fille aînée de la Beauval, son ancienne pupille. Il s'agit précisément de Louise Pitel, née vers 1665, peu de temps après l'original mariage de Lyon qu'on se rappelle sans doute. Monchaingre était sans rancune, puisqu'il est témoin du mariage de cette jeune fille, qui avait été le premier fruit de la singulière mais féconde union à laquelle il avait voulu s'opposer en 1664. Il avait conservé, on le voit, de bonnes relations avec la Beauval, à qui il avait pardonné, comme font en pareille matière les pères nobles dont il devait jouer les rôles en 1683, s'il était encore lui-même comédien à cette époque si éloignée de sa jeunesse.

Chose curieuse dans cet acte de mariage, c'est qu'en effet Monchaingre, entouré d'une foule d'acteurs de son temps, ses camarades et ceux des Beauval, y est qualifié « d'officier de M. le Prince. » Cela veut-il dire, selon l'usage, comédien de M. le Prince? C'est tout d'abord l'explication la plus plausible, puisque Monchaingre se trouve à cette place à côté d'anciens confrères, acteurs comme lui, comme lui appelés officiers de M. le Prince, et qui n'ont d'autres titres à cette qualification que leur qualité de comédien.

1683 ! comédien du prince de Condé ! Ces quelques mots ont plus d'intérêt qu'ils n'en ont l'air. Filandre ayant encore le titre de comédien en 1683, lui qui est cité comme ayant été chef de troupe dès 1638 ! Quarante-cinq ans d'exercice de la profession d'acteur ! Quelle longue vie théâtrale ! Quelle fleur de jeunesse cela ne fait-il pas présumer pour lui lors de 1638 !

Comédien du prince de Condé ! Cela ne nous ouvre-t-il pas aussi des horizons nouveaux? Cela ne permet-il pas d'espérer des données précieuses sur la troupe de Filandre-Monchaingre, si nous parvenons à retrouver quels étaient les autres sujets formant avec lui la bande de comédiens placés alors sous la protection du prince, et qui étaient ses camarades de théâtre? Cela ne nous met-il pas en mesure de rechercher où se trouvaient antérieurement ces comédiens, et, leur trace découverte, d'en induire qu'ils pouvaient, dès cette époque, courir la province en compagnie de Monchaingre et faire partie de sa troupe? L'acte de mariage de 1683 est un trait de lumière. Partons à la découverte des comédiens de M. le prince de Condé!

CHAPITRE IV.

LES COMÉDIENS DE M. LE PRINCE.

Voyage à la découverte de la troupe de M. le Prince. — Les comédiens de M. le Prince à Paris, en 1610, 1614, 1630, et à Dijon en 1632. — Les troupes de comédiens du faubourg Saint-Germain. — Les comédiens de Mademoiselle. — Eclipse des comédiens de M. le Prince dans la polémique contre Molière. — *L'impromptu de l'hôtel de Condé.* — Rôle de Condé vis-à-vis de Molière. — Les comédiens de M. le Prince sont une troupe de campagne jouant dans son gouvernement de Bourgogne. — Les comédiens de M. le Prince à Dijon en 1662. — Le théâtre à Dijon. Molière dans cette ville. — Les acteurs de la troupe de M. le Prince : Filandre, Henri Pitel, Longchamp, Durieu, etc. — Longchamp à Saint-Jean-de-Luz en 1660. Durieu et Beauval à Lyon en 1661. — Le théâtre à Lyon. — Les Villeroy protecteurs du théâtre. — Pièces et auteurs. — Les comédiens de M. de Villeroy à Lyon et à Dijon. — Les Villeroy protecteurs de Filandre et des Beauval. — Châteauneuf, autre comédien de la troupe de M. le Prince. Incertitudes sur son compte. Son rôle dans *la Fameuse Comédienne.* — La troupe de Filandre en 1667. — Départ en 1670 des Beauval et de Baron de la troupe de campagne où ils jouaient en Bourgogne. Quelle est cette troupe? Est-ce celle de Filandre? Non, c'est celle de Jean Deschamps, directeur de la troupe du duc de Savoie. — La troupe du duc de Savoie et le comédien Jean Deschamps de Villiers. — Les comédiens de M. le Prince après 1670. — Henri Longchamp. Ses pérégrinations en Angleterre et à Rouen. Mariage de sa fille avec Raisin. Entrée de trois comédiens de M. le Prince à la Comédie française. — Longchamp et sa famille. — Protection de M. le Prince à leur égard. — Les comédiens de M. le Prince à Dijon et à Lyon, jusqu'à la fin du siècle.

On pourrait croire que c'est chose très-facile, au milieu des informations de toute sorte du grand siècle, de découvrir quels étaient les comédiens d'un prince aussi en vue et aussi entouré des illustres lettrés de son temps que l'était le grand Condé, quasi aussi célèbre dans la dernière partie de sa vie par le haut patronage qu'il conférait à Racine, à Boileau, à La Bruyère, qu'il l'avait été dans sa jeunesse par ses victoires et par sa bonne et sa mauvaise gloire de la Fronde.

Hélas! il n'en est rien, et pour retrouver quelques-uns de ces comédiens (je ne dis pas la troupe entière, dont personne jusqu'ici n'a parlé que je sache), il faut entreprendre encore un voyage à la découverte.

Puisqu'il est question des acteurs de M. le Prince, on peut présumer qu'il s'agit d'une troupe qui ne dut avoir ce titre qu'à partir de 1660 environ, c'est-à-dire au lendemain de la rentrée de Condé en France, au moment de la paix des Pyrénées (1).

Condé toutefois, en accordant à des acteurs le titre de ses comédiens ou de ses *officiers*, comme on disait alors, ainsi que l'honneur plus ou moins effectif de sa protection, ne faisait que suivre les traditions de sa famille. Dès 1614, il y avait à Paris des comédiens de M. le Prince, probablement même dès 1610, époque à laquelle on voit Claude Husson, dit Longueval, et ses compagnons jouant au faubourg Saint-Germain-des-Prés, et condamnés à payer la redevance habituelle due à l'hôtel de Bourgogne à raison de son privilége. En 1614, l'hôtel de Bourgogne passe bail à ces comédiens, représentés par noble homme Mathieu Roger, sieur de Champluisant, qui leur servait de caution. Ils occupèrent la salle du 1er octobre au 22 novembre de ladite année, et ayant refusé de payer le prix de leur location, furent condamnés par sentence du Châtelet du 2 février 1615, ainsi que le gentilhomme qui les avait cautionnés.

(1) Il ne serait pas impossible, cependant, qu'une troupe française courant les Pays-Bas eût d'abord accepté, pendant l'exil de Condé, le patronage de sa protection et de son nom.

— 65 —

Les acteurs condamnés étaient Claude Husson, dit Longueval, Nicolas Gastreau et autres, leurs associés, comédiens ordinaires de M. le Prince (1).

M. le Prince devait être le protecteur né des acteurs qui s'établissaient au faubourg Saint-Germain, non loin de l'hôtel de Condé. On voit cependant en 1630 un autre grand seigneur que lui, entretenir aussi des comédiens sur la rive gauche de la Seine. Les comédiens du vieux duc d'Angoulême, du Rossay, Beaupré et leurs associés représentaient alors dans ce faubourg (2).

La même année, au mois d'août, on voit Hiérôme Scelerier, comédien, demeurant au faubourg Saint-Germain, et ses associés, comédiens de Mgr le Prince, ayant déjà représenté pendant quinze jours dans ce faubourg, condamnés à payer 45 livres aux comédiens de l'hôtel pour ces quinze jours de représentation (3).

Cette troupe allait dès cette époque donner des représentations en province, peut-être même n'était-ce qu'une troupe de campagne, qui était venue momentanément pousser une pointe dans Paris, une troupe appartenant surtout à la Bourgogne dont M. le Prince était gouverneur, ce qui explique comment il avait été amené à accorder à ces acteurs le patronage de son nom. On rencontre en effet dès 1632 à Dijon, dans la capitale de cette province, les comédiens de M. le Prince. Un arrêté de la Chambre de ville, du 27 juin, détermine la quotité du droit exigible de cette troupe au profit des pauvres (4).

---

(1) Vers 1674, on retrouve à Dijon une troupe de comédiens du roi dirigée par le sieur de Longueval.

(2) M. E. Soulié, *Recherches sur Molière*, p. 155, 157, 162. Le nom de Beaupré, ou plutôt celui de sa femme, est bien connu, à la différence de celui de du Rossay. Je ferai remarquer, cependant, que M. Jal a fait connaître que Mlle de Brie s'appelait Catherine Leclerc *du Rozet*. Elle était peut-être fille dès lors de ce comédien du duc d'Angoulême.

(3) M. Soulié, p. 162. En 1632, Richemont Banchereau, de Saumur, dédie l'*Espérance glorieuse* au prince de Condé.

(4) Les nombreux renseignements que je donnerai sur l'histoire du

Nous approchons de l'époque du *Roman comique* ; malheureusement les renseignements manquent désormais pendant plus de trente ans sur les comédiens patronnés par le prince de Condé, peut-être par suite du défaut de documents ou parce que M. le Prince devenu vieux ne se souciait plus d'entretenir des acteurs. Quant à son fils, il avait autre chose à faire à Rocroy et pendant la Fronde qu'à subventionner des comédiens, bien que ce fût la mode des grands seigneurs, aimant comme lui le faste et la renommée.

Il continua cependant, après 1630, à y avoir presque toujours, avec des alternatives de succès et de ruine (ces dernières apparemment plus fréquentes) des comédiens sur la rive gauche de la Seine dans les parages de l'hôtel de Condé, et aussi de la foire Saint-Germain qui ne laissait pas de les y attirer.

Le journal manuscrit de de Mouhy parle, en 1633, des

---

théâtre à Dijon, sont extraits ou de l'*Inventaire des archives communales de Dijon*, rédigé par M. de Gouvenain en 1867, ou des notes qu'a bien voulu me communiquer M. de Gouvenain lui-même avec une rare obligeance, dont je lui suis très-reconnaissant. Les manuscrits de Philibert de La Mare, du président Bouhier, de La Monnoye, doivent aussi renfermer plus d'un document sur le théâtre de cette ville.

On trouve plusieurs fois, à Dijon, pendant la vie du père du grand Condé, la mention de passages de comédiens, mais sans que leur nom soit indiqué.

Ainsi, en 1643, le prince de Condé ayant mandé à Messieurs de la Chambre qu'ils devaient permettre les représentations de comédiens jusqu'à la mi-carême, il est répondu à Son Altesse qu'il en sera fait selon son désir, mais qu'on le prie de consentir à ce que les comédiens ne jouent qu'une fois par semaine et donnent quelque chose aux pauvres.

En 1644, vers l'époque de l'assemblée des États, permission de donner des représentations est accordée à des comédiens venus depuis peu en ville, à condition que le prix des places n'excédera pas 8 sous lors des représentations ordinaires et 10 sous pour les extraordinaires.

Je citerai aussi, après M. Fournel, le livret du *Ballet du bureau d'adresses, dansé devant Mgr le Prince par Mgr le duc d'Enghien*, le 30 décembre 1640 ; à Dijon, chez Guy Anne Guyot, in-12. On y voit parmi les danseurs Bossuet aîné et Bossuet puîné.

comédiens de la rue de La Harpe; il les montre encore (t. II, p. 708) en 1636 représentant une pièce de Benserade. Dans son *Abrégé* (t. III, p. 17), de Mouhy mentionne une troupe qui, après avoir joué avec succès devant la cour de Fontainebleau en 1633, obtint de donner des représentations à Paris dans le faubourg pendant la foire. De son côté, la *Gazette de France* du 6 janvier 1635, p. 15, disant que désormais Sa Majesté veut entretenir trois bandes de comédiens, indique comme troisième bande *les comédiens du faubourg Saint-Germain*. Le *Roman* de Scarron (t. I, ch. XVIII) nous montre aussi Destin, avant de s'engager dans la troupe comique, soupant par complaisance dans le faubourg avec des comédiens de la connaissance de la Rancune. Enfin l'on sait les tentatives malheureuses de l'*Illustre théâtre* pour attirer la foule à ses représentations dans ce quartier, aux jeux de paume des Métayers et de la Croix-Blanche.

Plus tard, Mademoiselle, à l'imitation de son père Gaston d'Orléans, qui de son palais du Luxembourg avait aussi patronné des comédiens dès 1635, et plus tard l'*Illustre théâtre* et d'autres troupes comiques, voulut aussi se donner le luxe de prêter, dans le faubourg où était sa petite cour, l'appui de son nom à une troupe d'acteurs.

Les comédiens de Mademoiselle, ainsi que nous le dirons plus longuement dans un appendice, n'étaient eux-mêmes qu'une troupe de campagne qui vint s'établir à Paris, rue des Quatre-Vents, en 1661, et ne put y séjourner que quelques mois, tant il était difficile dès cette époque de faire vivre des acteurs dans ces lointains parages du Luxembourg. Elle n'a laissé jusqu'à aujourd'hui, comme souvenirs, que les pièces de son fournisseur attitré le comédien auteur Dorimon, qui avec sa femme est le seul acteur connu de cette nouvelle troupe du faubourg Saint-Germain, sur laquelle je donnerai des renseignements inédits.

Revenons aux comédiens du grand Condé et remarquons tout de suite que leur nom, à la différence de celui de

M. le Prince, ne figure pas dans la polémique théâtrale qui s'ouvrit contre Molière en 1663 (1).

C'est chose étonnante, en effet, il faut bien l'avouer, de voir les ennemis de Molière se placer pour ainsi dire à l'abri de l'ombre du grand nom du prince de Condé et le prendre pour chaperon. On sait que le fils de Montfleury répondit à *l'Impromptu de Versailles*, joué en octobre 1663, par *l'Impromptu de l'hôtel de Condé*, dont l'impression fut terminée dès le 19 janvier 1664. Bien que cette comédie ait paru sans dédicace, le nom de Condé ne s'en trouvait pas moins compromis par le titre de la pièce, qui ne put guère être adopté sans son assentiment, quand même sa complaisance se fût bornée à prêter le nom de son hôtel sans l'hôtel lui-même (2).

On ne sait pourquoi ce titre, a dit M. Taschereau dans sa *Vie de Molière*, ainsi que M. Paul Lacroix, le dernier éditeur de la pièce de Montfleury, Condé et son fils ayant cherché les occasions d'applaudir la pièce de Molière (3).

Certes Condé fut loin d'être un adversaire de Molière ; il donna une assez éclatante preuve de ses sentiments en ménageant la première et célèbre représentation des cinq actes de *Tartuffe* au Rincy, le 29 novembre 1664. Cependant il y a lieu de s'étonner de voir d'autres adversaires de l'auteur des *Écoles des femmes* que Montfleury, dédier leurs pièces à Condé ou aux siens. C'est ainsi que Boursault venait de

---

(1) Les succès du grand comique avaient rendu jaloux la plupart des comédiens qui disaient de leur illustre rival :

« Ce diable de Molière entraîne tout chez lui. »

(2) M. Fournel, *Contemporains de Molière*, t. Ier, p. 239, et M. Despois, *Œuvres de Molière*, t. III, p. 140, tiennent pour la représentation à l'hôtel de Condé.

(3) *L'Impromptu de l'hôtel de Condé*, collection Moliéresque, 1875, in-8° de 41 pages, San Remo, avec une notice bibliographique de M. Paul Lacroix. Cette pièce avait déjà été réimprimée, ainsi que *le Portrait du peintre* et *la Vengeance des marquis*, dans les *Contemporains de Molière*, de M. V. Fournel, t. Ier, 1863.

dédier son *Portrait du peintre* au duc d'Enghien (1). On se prend à se rappeler, sans lui donner plus d'importance qu'il ne faut, cette page écrite par M. Édouard Fournier, dans ses notes sur La Bruyère :

« L'hôtel de Condé et Chantilly avaient toujours fait un peu d'opposition aux Tuileries et à Versailles. La petite cour ne voulait pas s'avouer qu'elle singeait la grande ; elle aimait mieux se faire l'honneur de rivaliser avec elle dans les affaires de magnificence, de fêtes, de galas (M. le Prince y excellait) et de littérature. On avait ses beaux esprits comme à Versailles... Quelques-uns, comme Racine et Boileau, étaient des deux cours ; mais, le plus souvent, il n'y avait point partage : celui qui était en faveur dans l'une, n'était rien moins que célébré dans l'autre. Ce fut, par exemple, ce qui arriva pour Molière qui, triomphant à Versailles, ne fut jamais favorisé des Mécènes de Chantilly. Il y eut une circonstance où l'antagonisme de l'une et de l'autre cour, à sou sujet, éclata dans toute son évidence. Molière venait de donner *l'Impromptu de Versailles*. Montfleury, qui était tout à fait à la dévotion de M. le Prince, riposta sans désemparer par *l'Impromptu de l'hôtel de Condé*. Ces deux titres disent tout. Or les idées ne changèrent point chez M. le Prince, au sujet du grand comique, même lorsqu'il fut mort. » M. Fournier voit dans plusieurs passages de La Bruyère l'influence rancunière de la maison, et regarde le portrait d'*Onuffre*, écrit évidemment en haine du *Tartuffe*, comme une sorte d'autre *Impromptu de l'hôtel de Condé*.

C'est certes dépasser de beaucoup le but et la vérité, car on sait, je viens de le dire, que le *Tartuffe* fut précisément joué pour la première fois en entier, tout frappé de suspicion qu'il était, le 29 novembre 1664, au Rincy, par ordre de Mgr le prince de Condé chez la princesse Palatine, belle-mère de

---

(1) On a remarqué, toutefois, que le duc d'Enghien, dont tout le monde connaît le portrait fait par Saint-Simon, avait été beaucoup moins favorable à Molière que son père.

son fils le duc d'Enghien, marié depuis un an à Anne de Bavière.

Peut-être était-ce non pas tant pour jeter tout de suite son suffrage dans la balance en faveur de Molière que pour afficher sa liberté d'esprit et son goût plus hardi que celui de Versailles. M. Edouard Thierry a rappelé très-justement que la société du Rincy, composée de sceptiques, de gassendistes, d'épicuriens, était un peu suspecte, et que chez le prince de Condé qui, faute de guerre, avait le théâtre et protégeait les lettrés avec son despotisme habituel, l'esprit fort tournait surtout au goût des beaux esprits (1). C'était donc peut-être par goût d'indépendance, pour ne pas dire de libertinage, que Condé protégeait alors le *Tartuffe* de Molière suspect à Versailles.

Quoi qu'il en soit, M. le Prince continua ses bonnes grâces au grand acteur. Le 20 septembre 1668, la troupe de Molière fut même appelée à Chantilly, où Monsieur et Madame étaient allés se divertir, et où leur hôte leur fit goûter du fruit défendu en les régalant d'une nouvelle représentation de *Tartuffe*. Là, dit Robinet :

> .. « Le grand Condé leur fit chère,
> Je vous assure, tout entière,
> Et Molière y montra son nez.
> C'en est, je pense, dire assez. »

La même année, il y eut encore une représentation de la troupe de Molière chez M. le Prince à Paris ; ces deux représentations furent payées 1,100 livres chacune. *Amphitryon* venait d'être dédié au grand Condé (2).

(1) M. Edouard Thierry, *Quatre ans du théâtre de Molière*. *Société académique de Cherbourg*, 1873, p. 152.

(2) On peut voir dans le tome II des *Cours galantes* de M. Desnoiretères quelques détails sur les splendeurs des fêtes de Chantilly.— La *Critique de l'école des femmes* et l'*Impromptu de Versailles*, avaient aussi été joués à l'hôtel de Condé en présence de Leurs Majestés et de toute la cour, le 11 décembre 1663, le soir même du mariage du duc d'Enghien avec la Palatine.

Au milieu de cette lutte ouverte dans Paris en 1664, n'est-il pas étonnant que les comédiens de M. le Prince brillent par leur absence ?

On voit cependant l'hôtel de Condé en relations fréquentes avec d'autres acteurs. C'est ainsi qu'en 1666, Brécourt dédia la *Noce de village* au duc d'Enghien et plus tard *le Jaloux invisible* et *l'Ombre de Molière* (1). Le 29 novembre 1669, Henri-Jules de Bourbon, le futur prince de Condé, était parrain à l'église Saint-Sauveur du fils de Raymond Poisson, l'excellent Crispin de l'hôtel de Bourgogne. Quelques jours plus tôt, le 22 octobre, on trouve sa femme, Anne Palatine de Bavière, marraine à Saint-Germain-l'Auxerrois d'une fille du fameux Dominique Biancolelli, le célèbre Arlequin de la Comédie italienne.

Cette éclipse apparente de la troupe de M. le Prince, qui semble se dérober à tous les regards, n'empêche cependant pas qu'elle existât bel et bien ; mais le théâtre sur lequel elle se produisait était loin du faubourg Saint-Germain. Les comédiens qui la composaient n'étaient nullement une troupe parisienne, mais une troupe de campagne qui jouait spécialement en Bourgogne, à Dijon, chef-lieu de la province dont les Condé avaient le gouvernement héréditaire, et où, dès 1632, nous avons rencontré des comédiens de M. le Prince. Peu de temps après la rentrée de Condé en France, nous trouvons dans cette province la troupe de ses comédiens. Ne les avait-il pas déjà connus pendant son exil dans les Pays-Bas, où jouait une troupe française ? Ce n'est pas impossible. Toujours est-il qu'en 1662, dans la capitale de son gouvernement, nous découvrons la trace de ces acteurs.

Au mois de mai 1662, les magistrats municipaux de Dijon accordent aux comédiens de la troupe de Son Altesse Sérénis-

---

(1) M. Fournel, *Contemporains de Molière*, t. Ier, p. 480, considère l'acceptation de la dédicace de *l'Ombre de Molière*, de Brécourt, en 1674, par le duc d'Enghien, comme une amende honorable du duc à la mémoire de Molière.

sime Mgr le Prince, gouverneur, permission de représenter, à condition de fournir au maire la liste de leurs pièces, de donner 4 livres pour les pauvres par représentation, de ne pas prendre plus de 10 sous par personne pour les pièces anciennes et plus de 15 pour les nouvelles, lors même que celles-ci nécessiteraient l'emploi de machines. Plus tard, on convint qu'ils donneraient 100 livres pour les pauvres, moyennant quoi on les tint quittes des 4 livres réclamées de prime abord (1).

Dijon était dès lors, comme au siècle suivant, une ville aimant le plaisir, les fêtes et la comédie. La Fronde elle-même n'avait pas interrompu les représentations théâtrales qui s'y donnaient fréquemment et que devaient favoriser d'Épernon et Candale son fils, gouverneurs de la province. On voit la plupart des troupes de comédiens du temps, comédiens du roi, comédiens de Mademoiselle, opérateurs, montreurs de phénomènes ou de marionnettes, etc., y faire de longs séjours.

Molière lui-même était venu de Lyon y jouer avec sa troupe au printemps de 1657 (2). On rencontre, en effet, dans les registres municipaux, le 15 juin 1657, la permission accordée *aux comédiens de M. le prince de Conti* de donner des représentations au tripot de la Poissonnerie, à charge de verser 90 livres pour les pauvres de l'hôpital, et de ne prendre que 20 sous pour les pièces nouvelles et 10 pour les anciennes.

Le tripotier qui louait les siéges ne devait pas exiger plus de 2 sous pour chaque chaise, à peine de 50 livres d'amende. C'étaient, à peu près, les mêmes conditions que pour les autres troupes, sauf que la somme à verser aux pauvres était un peu plus élevée. Ce droit que les comédiens devaient

---

(1) Voir *Inventaire des archives municipales de Dijon*, par M. de Gouvenain.

(2) Ce séjour de Dijon a échappé aux historiens de Molière, même à l'enquête faite sur place par M. Soulié. Soleirol, page 12, a bien parlé d'un passage à Dijon, d'après la tradition, mais l'a daté de 1654.

payer, ou bien donner une représentation au bénéfice des pauvres, allait toujours en augmentant ; on voit que dans la capitale de la Bourgogne, pas plus qu'à Rouen, les comédiens ne s'y soumettaient pas très-volontiers. A Dijon, en 1661, le conseil de ville donna l'ordre d'incarcérer trois comédiens qui avaient répondu par des insolences et des blasphèmes au sergent de la Mairie qui leur demandait les 100 livres stipulées pour les pauvres. En 1654, les comédiens avaient été condamnés à 50 livres d'amende pour avoir joué toutes leurs plus belles pièces sans donner une représentation au profit des pauvres de l'hôpital (1).

Quels étaient les comédiens de M. le Prince qui représentèrent à Dijon en 1662, probablement dans le jeu de paume de la Poissonnerie où avait joué Molière ? Je m'estime heureux de pouvoir révéler leurs noms restés inconnus jusqu'ici, ou du moins ceux des principaux d'entre eux.

(1) Voici le relevé rapide des mentions des registres municipaux de Dijon ayant trait, à cette époque, aux comédiens de toute sorte :

Registre de 1640 à 41. Mathieu Dupuitz, de Hollande, montreur de dromadaire.
— de 1611 à 42. Pierre de la Cour, de Paris, montreur de tête d'hippopotame.
— de 1644 à 45. Autorisation, en conséquence d'une ordonnance de M. le Prince, à *Orvietano*, opérateur italien, de donner la comédie et de vendre ses drogues.
— 1648. Collon et Larmonier, montreurs de curiosités d'Italie.
— de 1648 à 49. Comédiens du roi au tripot de la Poissonnerie, jouant comédies, tragédies, tragi-comédies. Il leur est défendu de continuer sous peine d'expulsion.
— 1649. Théâtre de Jacques Canal, sieur du Fresne, oculiste de la maison du roi. — *Excellente* troupe de comédiens au tripot de la Poissonnerie.
— 1650. Théâtre de Pierre de Tossa, de Milan, ancien opérateur et distillateur du roi, et de ses fils danseurs et voltigeurs de la corde du roi.
— de 1650 à 51. Maufredy, Maltais, le grand buveur d'eau, faisant voir les fontaines, qu'il fait sortir par

Les acteurs du prince de Condé, qui avaient sollicité l'autorisation des magistrats municipaux de Dijon, étaient *Filandre*, Lefebvre, Longchamp, Serdin et Durieu. Le nom de Filandre placé en tête de ceux de ses camarades, indique qu'il devait être le chef de la troupe, ce que fait du reste présumer sa notoriété plus grande que celle de ses compagnons de théâtre. La mention des autres noms inscrits dans les registres de Dijon a aussi une importance capitale au point de vue de l'histoire de ce comédien. Elle fait connaître la plupart des acteurs qu'il dirigeait, et permet dès lors d'étendre en dehors de lui les recherches qui peuvent mettre sur la trace des pérégrinations de sa troupe.

Celui de ces comédiens qui offre le plus d'intérêt, c'est Longchamp, c'est-à-dire Henri Pitel, sieur de Longchamp, frère aîné de Jean Pitel, beau-frère de la Beauval, l'ancienne pupille de Filandre, dont j'ai raconté les aventures et l'étrange mariage à Lyon. Une longue camaraderie l'unit à Filandre

sa bouche, de diverses couleurs et liqueurs différentes.

Registre de 1653 à 54. Charles Beroin, dit La Fleur, opérateur, a son théâtre sur la place de la Sainte-Chapelle.

— de 1654 à 55. Comédiens au tripot de la Poissonnerie, à plusieurs reprises.

— 1655. Comédiens ordinaires de Mgr d'Orléans et de Mademoiselle, dont je parlerai longuement.

— de 1656 à 57. Didier Brouard, Lorrain, montreur de marionnettes et de fontaines.

— de 1657 à 58. Guy la Belle, joueur d'instruments, montreur de figures artificielles et gouverneur d'animaux féroces du roi.

— 1660 (28 mai.) Les comédiens de Mademoiselle.

— de 1660 à 61. Comédiens du roi. Obligation de ne pas jouer des pièces scandaleuses ni des farces tendant à dissolution et de soumettre la liste au maire, etc.

— de 1661 à 62. Les sieurs Fontblanche et Lafleur, opérateurs. Ce dernier débite son « atavant » sur un théâtre construit sur la place de la Sainte-Chapelle.

puisqu'il figure encore à côté de lui et avec le titre d'officier de M. le Prince, au mariage de sa nièce Louise Pitel, à Paris, en 1683.

Longchamp avait embrassé comme son frère le parti de la comédie. Il était entré déjà, sans doute, dans la troupe de Filandre deux ans avant leur commun séjour à Dijon en 1662, présomption que la durée de leurs relations rend plus que vraisemblable et qui nous donne par là même de nouveaux renseignements sur l'histoire de la troupe du sieur de Monchaingre.

Henri Pitel faisait en effet partie de la troupe de campagne qui en 1660 suivit la cour dans le voyage que le jeune roi fit en Provence, dans le Languedoc, puis aux frontières d'Espagne où il allait s'unir à l'infante Marie-Thérèse. Anne d'Autriche, ses fils et leur suite, s'étaient établis à Saint-Jean-de-Luz, en attendant le jour de l'entrevue, qui devait avoir lieu dans l'île des Faisans, et abrégeaient le temps de l'attente par les plaisirs de la comédie que leur donnait une troupe française, jusqu'à ce qu'ils pussent jouir des comédiens espagnols que l'infante attira après elle, ainsi qu'on le voit dans les *Mémoires* de Mlle de Montpensier. Une des actrices de la troupe française, accoucha dix-sept jours après l'arrivée du roi.

C'était Anne Legrand, femme d'Henri Pitel, sieur de Longchamp, comédien du roi. Cette actrice, Anne Legrand, pourrait bien être la fille de Turlupin (Henri le Grand), le célèbre comédien, née le 15 septembre 1633 ; supposition d'autant plus vraisemblable, que les enfants de Turlupin embrassèrent, dit-on, la profession de leur père. Ayant l'honneur de représenter devant la cour, les sujets de cette troupe se paraient naturellement de cette gloire pour se dire comédiens de Louis XIV. L'enfant fut tenu sur les fonts de Saint-Jean-de-Luz, le 16 mai 1660, par Monsieur, frère du roi, et par Mademoiselle, ou du moins par leurs représentants.

Il n'y a rien d'étonnant à voir jouer devant le roi cette troupe de Monchaingre, puisque, Molière mis hors de cause et fixé d'ailleurs à Paris depuis l'automne de 1658, c'était la troupe la plus en renom de toutes celles de province ; elle était naturellement appelée à l'honneur de divertir Sa Majesté.

Cette bande de comédiens qui se trouvait sur la frontière d'Espagne en 1660 était, je le répète, probablement la même que celle qui jouait à Dijon en 1662. Elle semble en effet unie par de solides liens et peu sujette aux dislocations, puisque dès 1662 on y trouve Durieu, c'est-à-dire Michel Durieu, le futur acteur de la Comédie française, qui devait plus tard devenir le gendre de Longchamp et épouser sa fille aînée, Anne, qui était encore toute jeune en 1662 (1).

Je regrette de ne rien savoir sur les deux autres comédiens de M. le Prince, Lefebvre et Serdin, acteurs du second ordre, sans doute (2) et qui n'ont pas eu la même notoriété que Longchamp ni Durieu.

Ce dernier nom nous sert à retrouver à Lyon, dès 1661, la trace de la troupe de Filandre. On voit figurer à cette date et dans cette ville le nom de Durieu, à côté de Beauval, Jean Pitel le frère de Longchamp, dans un acte de baptême.

La fille du sieur Jacques Desjardins, faiseur de cordons, est en effet tenue sur les fonts, à Lyon, le 10 mai 1661, par Michel Durieu, *comédien du roi*, et Mlle Marie Liet, femme du sieur Humbert Charpin ; on trouve à côté de son nom les signatures de Beauval et de Jacques de Gorla, le célèbre opérateur, père de Mlle du Parc, qui resta si longtemps à Lyon.

(1) Elle semble être née en 1651, puisqu'on la dit morte à l'âge de quatre-vingt-six ans, au mois de janvier 1737. Elle débuta à la Comédie française en 1685.

(2) En 1601, noble homme Mathieu Lefebvre, dit La Porte, mari de Marie Venier, était comédien du roi, avec Valleran Lecomte. Est-ce d'un de ses fils qu'il est ici question ? On trouve en 1634, en septembre, à Fontenay-le-Comte, avec les acteurs du Marais alors en représentation dans cette ville (parmi lesquels figurent d'autres comédiens de Lyon, tels que F. de La Cour), un François Serdin. Voir M. Benjamin Fillon, *Recherches sur Molière dans l'Ouest*.

Il est probable, dès lors, qu'au retour de Saint-Jean-de-Luz la troupe de Monchaingre s'était fixée à Lyon, le grand centre des comédiens dans cette région du sud-est de la France.

Le patronage d'une grande famille amie du faste et des lettres, ainsi que des plaisirs recherchés par la société polie du temps, contribuait aussi à entretenir à Lyon le goût du théâtre.

Cette ville avait depuis longtemps pour gouverneurs divers membres de la famille de Villeroy. L'archevêque de Lyon, Camille de Neufville, frère du vieux maréchal Nicolas de Villeroy, gouverneur de Louis XIV, occupait alors toutes les grandes charges de la province et était même, par délégation de son frère, lieutenant général pour le roi dans le Lyonnais. Il favorisa les sciences, les lettres et les arts et fut, dans la seconde ville de France, le digne représentant de Louis XIV.

La vie élégante que l'on menait à sa maison de campagne de Vimy ou de Neufville, était comme un reflet de celle de la cour. On y rencontrait son neveu François de Neufville, marquis de Villeroy, fils du maréchal, compagnon des plaisirs et des ballets du roi, un des grands vainqueurs des belles à Paris et à Versailles, un des plus fameux représentants de la société galante au temps de la jeunesse de Louis XIV. Mme de Sévigné ne l'appelle que le *Charmant* dans ses *Lettres* où il est bien souvent question de lui. Il aimait naturellement le théâtre, comme l'aimait son maître, comme en raffolaient tous les courtisans de Versailles. Il figura même à deux reprises dans *les Amants magnifiques* de Molière, représentés en 1670 ; Mme de Sévigné nous l'a montré, de son côté, assistant à une représentation de *Bajazet* (1).

Des femmes charmantes faisaient aussi partie à Lyon de cette cour de Villeroy.

C'était la fille aînée du maréchal, Françoise de Neufville, « de Chaulnes la charmante veuve, » comme dit Loret, et à

---

(1) *Lettres de Mme de Sévigné*, t. II, p. 471. Edition des grands écrivains de France.

qui Françoise Pascal dédia sa tragi-comédie d'*Endymion ;* sa jeune sœur Catherine, mariée en 1660 ; la belle marquise de la Baume, nièce du maréchal, à qui Françoise Pascal adressa la dédicace de son *Sésostris*. Cette célèbre Lyonnaise était elle-même la protégée de la famille des gouverneurs de Lyon. Somaize, dans la *Clef du Dictionnaire des précieuses*, l'indique comme *domestique* des Villeroy, c'est-à-dire comme faisant partie de leur maison. Un autre poëte tenait encore par des liens plus intimes à l'archevêque : c'était son secrétaire, l'avocat Claude Basset, l'auteur de la tragédie d'*Irène*, que représenta, dit-on, la troupe de Molière. Il y avait même dans le palais du gouverneur un théâtre où furent donnés, en diverses occasions, des représentations dramatiques, des bals et des concerts. Cette salle de l'hôtel du gouvernement servait spécialement à donner des représentations au profit des pauvres. On voit les receveurs des hospices mentionner assez souvent les sommes qu'ils ont reçues des comédiens qui ont joué chez Mgr le Gouverneur, pour une comédie qu'ils ont donnée pour les pauvres (30 décembre 1660), ou bien pour une comédie que Mgr l'Archevêque a accordée au profit des pauvres. M. Brouchoud a relevé minutieusement les nombreuses indications qui, à partir de 1636, ont trait au droit des pauvres, payé à Lyon comme dans les autres villes par tous les comédiens de passage. On y trouve notamment de 1636 à 1664 les preuves des fréquents séjours des comédiens dans la capitale du Lyonnais.

Une autre preuve du goût des Lyonnais pour la comédie, c'est que, même après le départ de Molière, on voit de nombreuses pièces de théâtre continuer à prendre naissance dans leur ville. Je me contenterai de citer quelques-unes des pièces de Françoise Pascal, *Sésostris* et le *Vieillard amoureux* (1661-1664), imprimées chez Antoine Offray, l'éditeur de la troisième partie du *Roman comique;* diverses comédies de Chappuzeau, le *Cercle des Femmes*, le *Partisan dupé*, la *Dame d'intrigue*, les *Eaux de Pirmont*. C'est aussi à Lyon, ne l'oublions pas, que Dorimon joua pour la première fois à la fin de 1658 et fit imprimer son *Festin de Pierre* au commencement de 1659.

Cette grande cité était comme le point de ralliement des comédiens de campagne, le centre d'où leurs troupes rayonnaient vers l'Est et le Midi, ainsi que le prouve l'histoire des années d'apprentissage de Molière.

Il s'y trouvait même souvent à la fois plus d'une troupe de comédiens, comme on le voit, soit par le récit des pérégrinations de Molière lui-même, soit par les *Mémoires* de Mademoiselle qui mentionne la présence de deux troupes lors du séjour de la cour à la fin de 1658, soit par les dires de Chappuzeau, soit même par les mentions des registres de l'état civil, sans parler des opérateurs qui abondaient dans cette ville, située sur le grand chemin de l'Italie à la capitale de la France.

Avant 1660 on y avait vu séjourner longtemps, à partir de 1644 (1), les comédiens de Son Altesse royale Mgr le duc d'Orléans, puis, à partir de la fin de 1652, la troupe de Molière, plus tard enfin, en 1658 et 1659, celle des comédiens de Mademoiselle, parmi lesquels on retrouve plusieurs des acteurs qui avaient naguère fait partie de la troupe de son père, sans parler d'autres troupes moins sédentaires, ni des opérateurs.

Le départ définitif de Molière au commencement de 1658,

(1) M. Brouchoud date de 1640 la présence de troupes ambulantes de comédiens, à Lyon. On rencontre leurs traces même quelques années plus tôt, comme on devait s'y attendre, du reste. M. Péricaud a cité une lettre de M. de Vauzelles au cardinal de Lyon, écrite de Lyon le 25 décembre 1637, où on lit : « Nous avons eu quelque temps des comédiens. Demandez à M. l'avocat comme tout s'y passoit. Personne ne rioit à la comédie que les filoux et les laquais ; pour preuve de mon dire, je l'ai vu effectivement pleurer et, pour donner coloris à ses larmes et prétexter son affliction, alléguer qu'il avoit le visage couleur d'amitié, et qu'ilétoit sensible aux malheurs de Mithridate ou de Didon, etc. » (Péricaud, *Notes et documents pour servir à l'histoire de Lyon sous Louis XIV*, 1re partie, p. 57.)

celui des comédiens de Mademoiselle qui s'établirent à Paris avec Dorimon au commencement de 1664, laissaient la place libre à Filandre, à son retour de la frontière d'Espagne après le mariage du roi.

En se fixant à Lyon, Filandre suivit l'exemple de ses prédécesseurs, c'est-à-dire que cette ville fut le centre d'où il rayonna sur les provinces voisines, vers la Bourgogne, comme vers le Languedoc, ce que j'appellerai son domicile théâtral, le lieu qu'il ne quittait qu'en conservant l'esprit de retour, la grande cité dont l'importance nécessitait de sa troupe de longs séjours, et sans doute même plusieurs séjours réitérés pendant l'année, tandis que dans ses courses nomades il ne faisait que donner quelques représentations dans les villes qu'il traversait en véritable oiseau de passage.

La preuve, c'est que malgré le titre de comédiens de M. le Prince que porte sa troupe à Dijon en 1662, on est longtemps sans rencontrer dans cette ville la mention expresse de la présence de la même troupe, qu'on s'attendait naturellement à retrouver dans la capitale du gouvernement de M. le Prince.

On ne la voit pas mentionnée sur les registres municipaux de cette ville avant 1670, bien que cette gaie capitale de la Bourgogne, cette joyeuse patrie de La Monnoye, de Piron, du président Bouhier, qu'on a comparée à l'abbaye de Thélème, semble avoir eu beaucoup de goût pour la comédie. Le passage de nombreuses troupes y est signalé entre ces deux dates et surtout en 1667, époque à laquelle, au milieu des préparatifs de la conquête de la Franche-Comté, Dijon fut le théâtre de fêtes splendides données par Condé et où on croirait devoir rencontrer ses comédiens avant toute autre troupe (1).

(1) Les comédiens continuaient à se presser à Dijon. On trouve de la fin de 1662 à 1664, deux passages d'une troupe de comédiens du roi dirigée par le sieur de Richemont, Hugues Poillebois. De 1666 à 1667, la troupe des comédiens du roi est dirigée par le sieur de Boncourt, c'est-à-dire Jean Hilleret, sieur de Boncourt, mari de Marie Biès,

— 81 —

Cette éclipse momentanée des comédiens de Filandre peut cependant recevoir une explication plausible, qui fait présumer que leur disparition était plus apparente que réelle, et qu'ils n'avaient simplement fait que changer de nom. Alors, en effet, qu'on ne rencontre plus à Dijon les comédiens de M. le Prince, on y voit mentionnée plusieurs fois la présence de la troupe lyonnaise des comédiens de Villeroy. A trois reprises différentes : 1663, 1665, 1668, on rencontre des demandes adressées aux magistrats municipaux de Dijon afin de permettre aux comédiens du marquis, du maréchal ou du duc de Villeroy de donner des représentations dans cette ville.

Cette troupe des comédiens de M. de Villeroy était sans aucun doute celle de Filandre, qui avait déjà paru à Lyon en 1661 et qui avait changé de nom en changeant à la fois de résidence et de protecteurs.

Son long séjour à Lyon sous le patronage des gouverneurs de cette ville, lui avait fait adopter la dénomination de troupe de M. de Villeroy, comme à Saint-Jean-de-Luz elle avait pris le titre de comédiens du roi, dont se paraient tant de comédiens sans y avoir des droits, au moins actuels, bien sérieux, et auquel Durieu n'avait pas renoncé à Lyon en 1661.

Ce qui prouve clairement à la fois ce séjour de Filandre à Lyon après 1661 et le patronage des Villeroy octroyé à sa troupe, c'est l'aventure du mariage de Beauval et de la pupille de Filandre que j'ai longuement racontée.

On se rappelle que l'archevêque de Lyon intervint pour s'opposer au mariage que la pupille de Filandre voulait contracter malgré la volonté de son père ado if. Cette interven-

---

qui, en 1664, s'associait avec Nicolas Leroy, dit Lamare, pour former une troupe de campagne, et, en 1673, figure dans la troupe du duc de Brunswick. Les années suivantes, nouveaux séjours des comédiens du roi. Trois passages de la troupe du Dauphin, de 1667 à 1668. A cette date (moment des fêtes et de la réunion des Etats, qui attirait toujours des comédiens), on rencontre le passage de la troupe de Mademoiselle, du Dauphin, du duc de Savoie et du maréchal de Villeroy.

6

tion se comprend fort bien s'il s'agit d'une troupe protégée par les Villeroy, par l'archevêque-gouverneur lui-même, ainsi que par son neveu François de Villeroy qui partageait en fait avec lui le gouvernement du Lyonnais. Envers une autre troupe, cette intervention serait à la fois inexplicable et déplacée. Si l'archevêque voulut bien condescendre à se prêter aux désirs de Filandre, c'est qu'évidemment il avait accordé son patronage au vieux chef de troupe.

Ce qui prouve encore ce patronage des Villeroy, c'est que plus tard la femme du marquis, gouverneur de la ville, Marguerite de Cossé-Brissac, marquise de Villeroy, tint sur les fonts à Paris, le 4 septembre 1672, avec son frère, une fille de la Beauval, de cette actrice au caractère décidé dont le bizarre mariage avait laissé de longs souvenirs à Lyon après son départ. La marquise de Villeroy avait sans doute figuré elle-même dans le *veto* préliminaire de ce mariage d'une actrice de la troupe de son mari, et cela surtout avait contribué à ne pas lui faire oublier la soubrette si délurée, dont le jeu naturel et la gaieté avaient dû la charmer plus d'une fois lors de sa présence à Lyon.

Le mariage de Mlle de Brissac avec le marquis de Villeroy n'ayant eu lieu que le 28 mars 1662, c'est encore une raison de plus pour ne fixer qu'après cette date, ainsi que nous l'avons fait, le mariage de Jeanne Olivier-Bourguignon avec Beauval (1). Nous mentionnerons plus loin une autre protection accordée à Filandre, également par suite des liens que le séjour de Lyon avait créés entre le vieil acteur et la femme du gouverneur de la province.

(1) On mentionne même une arrivée, à Lyon, le 11 mars 1664, du marquis de Villeroy qui résidait plus souvent à la Cour que dans le Lyonnais, et c'est alors qu'il fut reçu lieutenant général au gouvernement de Lyon. Cette date se rapproche encore davantage de l'époque à laquelle nous avons rapporté le mariage de Beauval. — En 1659, François de Rébé, archidiacre et comte de Lyon et Catherine de Neufville avaient tenu sur les fonts un enfant de la du Parc, la célèbre actrice qui avait fait ses débuts à Lyon.

Le nom spécial de Paphetin sous lequel Filandre est connu à Lyon, tandis que dans les autres villes, même à Dijon, il conserve son ancien nom de théâtre, le portrait gravé qui fut fait de lui sous cette dénomination et probablement dans cette ville, les souvenirs qu'il y a laissés dans les Mémoires du temps et qu'ont recueillis les frères Parfait, tout concorde à prouver qu'il y fit un long séjour. De patientes recherches faites dans les registres de l'état civil de Lyon, de 1660 à 1670, relèveraient sans doute son nom ou celui des Beauval, de Longchamp ou de Durieu. M. Brouchoud a dit qu'il n'avait pas trouvé de traces du mariage de Jeanne Olivier-Bourguignon dans les divers registres paroissiaux. Celles de la naissance de ses enfants (et on sait qu'elle en eut beaucoup) seraient sans doute plus faciles à saisir, bien que la vie errante des comédiens de province rende toujours cette découverte très-hypothétique. Outre l'acte de baptême de 1661 dont j'ai parlé, M. Brouchoud ne cite pour cette époque qu'un seul acte relatif à des comédiens, parmi lesquels ne paraît aucun de ceux que je viens de citer (1).

En dehors d'eux je ne connais qu'un seul acteur qui figure un instant dans la troupe des comédiens de M. le Prince : c'est le comédien poëte A. P. P. de Châteauneuf, comédien de M. le prince de Condé, qui fait imprimer la *Feinte mort de Pancrace*, comédie ou farce en vers de quatre pieds, en un acte (1663, in-12), jouée par les comédiens de M. le Prince. La dédicace de cette pièce à un prince étranger et, qui plus est, son impression à Maëstricht, porteraient à croire qu'elle a pu prendre naissance hors de France pendant une tournée de cette troupe de comédiens en Hollande.

(1) C'est la naissance, le 23 février 1663, d'un enfant de Pierre Pajot, comédien, et de Nicole *Petit*, sa femme, tenu par Baltazard du Verger, comédien, et demoiselle Françoise Dorisy de la Boulaye. Dès 1655, on rencontre à Lyon une Françoise *Petit*, femme de Nicolas Biès, comédien du roy, bourgeois de Paris. — En 1661, on voit encore à Lyon, Michelle du Trasay, veuve de l'acteur La Barre, comédien de Son Altesse royale le duc d'Orléans.

Quel est ce Châteauneuf ? Est-ce l'acteur qui fit aussi partie de la troupe de Molière, dont le nom figure sur l'exemplaire de l'*Andromède* de Corneille provenant de la bibliothèque de M. de Soleinne, comme ayant rempli dans cette pièce le rôle de Phinée ? On sait d'une façon certaine par le registre de La Grange, que ce Châteauneuf était gagiste (ou acteur à l'essai) de la troupe de Molière en 1670 et 1672 : que les Beauval en y entrant durent lui donner trois livres chaque jour de représentation. Il créa aussi Argatiphondas dans *Amphitryon*. L'auteur de *la Fameuse Comédienne* l'indique comme portier de la Comédie, tandis que sa femme ouvrait les loges au théâtre Guénégaud après la mort de Molière. C'est même, dit-on, cette dernière qui, après avoir été confidente de Mlle Molière (nous dirions *madame* aujourd'hui), se brouilla avec elle et fournit le fond réel de *la Fameuse Comédienne ou Histoire de la Guérin* (1).

En 1678, nous retrouverons la troupe des comédiens de M. le Prince dirigée, à Dijon, par un sieur de Châteauneuf. Ce pourrait bien être toujours le même personnage, cependant il me semble qu'il dut y avoir deux comédiens de ce nom. Lemazurier parle d'un Châteauneuf, comédien de province, qui avait épousé une fille des Duclos, comédiens du Marais, et dont la fille, née vers 1670, devint une actrice célèbre sous le nom de Mlle Duclos. Les frères Parfait, de leur côté, citent un acteur du même nom, qui semble appartenir à une époque un peu plus récente, lequel épousa Mlle Boncourt et passa avec elle, après 1693, dans la troupe de la cour de Hanovre (2). C'est peut-être du père et du fils qu'il est question tour à tour, et tous deux ont pu être comédiens du prince de Condé.

(1) La femme de Châteauneuf a été confondue, par Beffara, avec la Boudin, actrice de campagne, à qui l'on a également attribué *la Fameuse Comédienne*. Voir l'édition de l'*Histoire de la Guérin*, donnée, en 1870, par M. Bonassies, qui dit, p. XXVII : « Quant au mari de la Châteauneuf, on hésite entre deux ou trois individus. »

(2) *Histoire du Théâtre françois*, t. XIII, p. 437.

Quoi qu'il en soit, ces Châteauneuf méritent d'être étudiés d'assez près, ne fût-ce qu'à cause de leur rôle dans *la Fameuse Comédienne*, et du besoin qu'il y a d'élucider leur individualité. Elle est restée si confuse, que des historiens du théâtre, y compris M. Fournel dans ses *Curiosités théâtrales* et ses *Contemporains de Molière*, ont cru que l'auteur de *la Feinte mort de Pancrace* ne formait qu'une seule et même personne avec le comédien poëte Nanteuil, qui fit partie de la troupe du duc de Brunswick, et s'intitula auparavant « comédien de la reine. »

Revenons à Filandre et à sa troupe qui, malgré son homogénéité plus grande que celle de beaucoup d'autres bandes de comédiens de campagne, ne devait pas durer sans subir de modifications. Le *Dictionnaire* de M. Jal mentionne même un acte de société des comédiens de M. le Prince, extrait du répertoire d'un des notaires de Paris, dont il a fouillé les minutes avec tant de bonheur. Cet acte de société, dont la minute n'existe malheureusement plus, est rapporté d'abord dans son dictionnaire à la date du 8 février 1667 ; mais quelques lignes plus bas, il est rattaché à 1671, et enfin à 1677. A quelle date s'arrêter au milieu de toutes ces mentions divergentes ? A Lyon pas plus qu'à Dijon, on ne rencontre malheureusement pas à cette époque de mentions datées du séjour de ces comédiens. Nous ne retrouvons leur passage signalé par les registres municipaux de Dijon qu'en 1670.

Le séjour de cette troupe, à cette date, dans la capitale de la Bourgogne, pique d'autant plus la curiosité, que c'est en 1670 que les Beauval furent enlevés, au mois d'août, à la troupe de campagne où ils jouaient alors à Mâcon, pour être incorporés, d'après l'ordre du roi et sur la demande de Molière, dans la troupe du Palais-Royal. C'est aussi de cette même troupe, renfermant, comme on le voit, des sujets d'élite qui faisaient envie, que fut tiré de Dijon, quelques mois auparavant, vers Pâques, le jeune Baron, pour venir renforcer le nombre des acteurs du grand comique.

La vie de Molière par Grimarest et le registre de La Grange prouvent évidemment que les Beauval et Baron venaient de la même troupe qui exploitait la Bourgogne (1). « Quelques jours après qu'on eut recommencé après Pâques (1670), dit La Grange, toujours bien informé, M. de Molière manda de la campagne le sieur Baron, qui se rendit à Paris après avoir reçu une lettre de cachet. Et deux mois après, M. de Molière manda *de la mesme troupe de campagne* M. et Mlle Beauval. »

Cette troupe paraît tout d'abord être celle de Filandre dont Jean Pitel et sa femme, ainsi qu'Henri Longchamp, faisaient partie à Lyon en 1665 ; la présence du vieil acteur au mariage de la fille aînée de la Beauval, en 1683, prouve qu'ils avaient conservé d'intimes relations d'amitié, et achève de rendre cette induction tout à fait plausible. Aussi M. Brouchoud qui, il est vrai, ne consacre que quelques lignes à ce couple d'acteurs, dit-il, dans le même sens, qu'ils quittèrent les tréteaux lyonnais en 1670.

(1) On sait que Baron avait quitté, presque encore enfant, la troupe de la Raisin, pour entrer un instant chez Molière, qu'il n'avait pas tardé à abandonner. — La Beauval fit ses débuts en 1670 devant le roi, à Chambord, au mois de septembre. On lit dans la *Gazette*, de Robinet, du 27 septembre :

> « On voit depuis peu la Beauval,
> Actrice d'un rare mérite,
> Qui de bonne grâce récite
> Ainsi qu'avec jugement
> Et qui bref est un ornement
> Le plus attrayant qu'ait la scène.
> C'est une vérité certaine. »

L'élève de Monchaingre qui débuta alors par la Nicole du *Bourgeois gentilhomme*, et qui termina sa carrière théâtrale par le rôle de Lisette des *Folies amoureuses*, était assez grande, bien faite, mais avait la voix un peu aigre et, en somme, n'était pas jolie femme. Si Monchaingre avait su lui communiquer l'amour de son art, qu'elle eut plus qu'aucune comédienne de son temps, il avait oublié de s'occuper de son instruction littéraire. On sait que les connaissances en lecture et en écriture de la Beauval étaient des plus bornées. Jeanne Olivier-Bourguignon avait un esprit naturel qui lui tenait lieu d'éducation ; mais elle ne sut jamais se défaire de l'âpreté de caractère, de l'instinct de domination et des caprices fantasques dont elle avait donné de bonne heure la preuve lors de son mariage avec Jean Pitel, à Lyon.

Quant au jeune Baron, rien d'étonnant à ce que, après avoir quitté Molière, il soit entré dans une troupe qui paraît avoir été la plus fameuse alors des troupes de campagne. On dit qu'après son départ du Palais-Royal, il alla en Languedoc, en Provence, en Dauphiné, à Lyon, à Dijon, où lui écrivit Molière pour le faire revenir à Paris. Tout cela s'accorde assez bien avec la série présumable des courses de Filandre, qui, ainsi que je l'ai dit, devait de Lyon pousser des pointes en tous sens vers les provinces voisines. La vente de ses habits de théâtre faite par lui à Baron vient encore à l'appui de cette présomption. On s'expliquerait plus aisément de la sorte comment le vieux comédien, voyant ainsi sa troupe disloquée et la vieillesse lui conseiller, sinon une prudente retraite, au moins l'abandon des rôles d'amoureux et de *jeune premier*, a cédé alors les costumes tragiques, sous lesquels il avait vieilli dans le succès, au jeune acteur de sa troupe dont il avait été à même de juger le talent et de prévoir le brillant avenir.

Tout cela est vraisemblable, et cependant cela n'est pas vrai. Les Beauval avaient quitté *in extremis*, pour ainsi dire, le vieux Filandre, pour entrer dans une troupe rivale, avant d'être appelés chez Molière : il est probable, dès lors, que Baron venu de la même troupe qu'eux, n'était pas non plus un des comédiens du sieur de Monchaingre.

Monchaingre lui-même, du reste, et sa femme avaient voulu, dès avant 1670, se retirer du théâtre et paraissent avoir quitté avant cette époque la troupe des comédiens de M. le Prince.

En voici la preuve dans une pièce extraite des cartons de la juridiction des Requêtes de l'Hôtel et publiée récemment par M. Campardon (1) :

« Aujourd'hui est comparu au greffe de la Cour Jean Monchaingre, sieur de Philandre, et demoiselle Angélique Desmarest

---

(1) V. *Nouvelles pièces sur Molière et sur quelques comediens de sa troupe*, note de la page 45 et *Archives nationales*, V⁴, 381.

sa femme, assistés de maître Nicolas Dupin, leur procureur ; lesquels en conséquence de l'instance pendante en la Cour entre eux, Jean Pitel, sieur de Longchamp, et sa femme, Michel du Rieux et sa femme, Marc-Antoine d'Havy, sieur de Rozange (1), qui assembloient avec ledit Monchaingre et sa femme la troupe des comédiens de M. le Prince et pour tous les démouvoir et de la déclaration et remerciment par eux fait et demandé la liberté à M. le Prince de se retirer de ladite troupe, ne désirant plus jouer la comédie, non-seulement en ladite troupe, mais en toute autre troupe que ce soit, ce qu'ils ont obtenu de mondit sieur le Prince ; lesdits Monchaingre et sa femme ont déclaré et d'abondant déclarent, qu'à cause de ce qu'ils sont avancés en âge, ne plus jouer la comédie, qu'ils ne veulent ni entendent n'être plus de ladite troupe de M. le Prince, ni même en aucune troupe par ci après telle qu'elle soit. Dont ils ont requis acte et élu leur domicile en la maison dudit Dupin, sise rue des Mathurins, paroisse Saint-Severin.

« Signé : J.-B. MONCHAINGRE, dit PHILANDRE, Angélique DESMAREST (2), — DUPIN.

« *Du 16 mars 1667.* »

Ce projet de retraite de Filandre et de sa femme, qui, comme nous le verrons, avait été la première à se retirer de la troupe, ce projet de retraite des deux vieux acteurs que leur grand âge écartait de la scène, donna lieu à un bel et bon procès. Les comédiens de M. le Prince avaient fait entre eux un contrat de société, le 31 octobre 1665 (3). Il s'en trouva parmi eux qui voulurent s'opposer au projet de

(1) Et non Lozange comme on lit dans les *Nouvelles pièces sur Molière*. A côté de ce nom de théâtre, quel était le vrai nom de ce comédien que M. Campardon a lu tantôt de Havy, tantôt d'Houy-Derval ? Chappuzeau l'indique comme faisant partie, en 1673, de la troupe du duc de Savoie.

(2) Desmarest était simplement le nom de théâtre de la femme de Monchaingre.

(3) Cette date et celle du procès de mars 1667 montrent que parmi les dates données par Jal, celle du 8 février 1667 ne peut être l'année vraie d'un acte de société des comédiens de M. le Prince.

Filandre et de plus prétendirent que ce départ leur permettait de faire rompre le contrat les attachant à la troupe et de dissoudre la société. Ce furent les Beauval qui élevèrent cette prétention, ainsi que le montre une sentence des requêtes de l'Hôtel, intervenue une douzaine de jours après la déclaration de Filandre, le 26 mars 1667, et réglant la contestation entre cet acteur, les Beauval, et les autres comédiens de M. le Prince (1).

« Entre Jean Pitel, sieur de Beauval, et Jeanne Olivier, sa femme, l'un et l'une des comédiens et comédiennes de la troupe de M. le prince de Condé, demandeurs aux fins de l'exploit du 11 février 1667, tendant à ce qu'attendu qu'Angélique Desmarets, femme de Jean Monchaingre, sieur de Philandre, s'est retirée de ladite troupe et qu'icelle troupe n'est plus complète, comme elle a été, le contrat qui a été passé entre les demandeurs et les défendeurs ci-après nommés, le 31 octobre 1665, demeurera et sera déclaré nul et résolu et en cas de contravention, condamner les défendeurs aux dépens, par maîtres Robert et Charles Rollet, leurs avocat et procureur, d'une part ;

« Et Jean Monchaingre, sieur de Philandre, et ladite Desmarets sa femme, défendeurs, par maîtres Jacques Corbin et Dupin, leurs avocat et procureur, aussi d'une part ;

« Et Antoine Lefebvre, Henri Pitel, sieur de Lonchamp, Charlotte Legrand, sa femme, Marc-Antoine de Houy-Derval, sieur de Rozange, Michel Durieux et Anne Pitel, sa femme, aussi défendeurs, par maîtres Jacques Pousset, Blondeau et Pierre Giry, leurs avocats et procureur, d'autre part ;

« Et entre ledit Jean Monchaingre et ladite Desmarets sa femme, demandeurs en requête judiciaire faite en plaidant tendant à ce qu'il plût à la Cour leur donner acte de la déclaration par eux faite au greffe d'icelle le 16 mars 1667, du remerciement et congé demandé à mondit sieur le Prince et *à eux accordé* qu'ils n'entendent plus continuer sa comédie dans ladite troupe ni dans aucune autre, *attendu leur grand âge qui les rend incapables*,

---

(1) Voir M. Campardon, *Nouvelles pièces sur Molière*, p. 161 et suiv.

il leur fut permis de se retirer d'icelle, les demandeurs pour avoir insisté au contraire condamnés aux dépens, par lesdits maîtres Jacques Corbin et Dupin, leurs avocat et procureur, encore d'autre part ;

« Et lesdits Lefebvre, Pitel, sa femme, Rozange, ledit Durieux et sa femme, encore défendeurs, par lesdits maîtres Jacques Pousset (1), Blondeau et Pierre Giry, leurs avocats et procureur, d'autre part ;

« La Cour, parties ouïes et le sieur du Tillet avocat du roi, après les déclarations des parties de... et Blondeau qu'ils consentent que la femme de Philandre soit payée de la part et portion à elle appartenant dans la société d'entre les parties, encore qu'elle ne joue pas et ne soit point actrice ; sur la demande des parties de Corbin et Robert, en résolution du traité de société, a mis et met les parties hors de cour et de procès, si mieux n'aiment les demandeurs payer la somme de deux mille livres tournois par an portée par le traité. »

On voit qu'à part son ancienne pupille, l'actrice volontaire et aux allures décidées, qui n'avait déjà pas respecté les volontés de son père adoptif à Lyon, Filandre n'avait pas vu ses camarades s'opposer au désir qu'il avait de prendre enfin un repos devenu nécessaire par suite de son grand âge. Ils avaient même consenti avec bienveillance à ce que sa femme, qui paraît avoir encore été plus pressée que lui de prendre sa retraite, fût payée de la part qui lui appartenait dans la société, bien qu'elle ne jouât plus. La juridiction des requêtes de l'Hôtel refusa aussi de prononcer la dissolution de la société, c'est-à-dire de consentir au départ des Beauval, à moins qu'ils ne payassent le dédit de 2,000 livres.

Filandre pourrait donc, d'après sa déclaration formelle, être considéré comme ayant renoncé à la scène en 1667. Cependant, puisqu'on retrouve encore sa troupe jusqu'en 1670,

---

(1) Ce Jacques Pousset, avocat, n'est autre que Pousset de Montauban, que sa qualité d'auteur de nombreuses pièces de théâtre appelait naturellement à plaider la cause des comédiens.

il ne semble pas avoir dès lors dit un adieu définitif au théâtre, si bien que ce sont les Beauval qui, en fin de compte, paraissent l'avoir quitté, et non pas lui qui aurait quitté les Beauval.

Voici, à l'aide de documents inédits, le récit de ce qui dvint des Beauval (1).

Ils quittèrent Filandre pour s'associer avec Jean Deschamps, directeur de la troupe du duc de Savoie. Pourquoi s'étaient-ils brouillés avec le vieil acteur ? Est-ce parce que la vogue l'avait quitté ? Est-ce parce que le succès l'avait abandonné à mesure que lui venaient la vieillesse et les rides ? Quelles qu'en soient les causes, le procès de 1667 et ce départ n'en indiquent pas moins une fâcheuse ingratitude (2).

(1) Jusqu'à présent, on ne connaît guère ce qui a amené le passage de Beauval chez Molière que par la lettre du roi du 31 juillet 1670, que je reproduis d'après la *Correspondance administrative sous le règne de Louis XIV*, t. IV, p. 571, et d'après M. Jal :

« De par le Roy, Sa Majesté voulant tousjours entretenir les troupes de ses comédiens complètes et pour cet effet prendre les meilleurs des provinces pour son divertissement et estant informée que la nommée de Beauval, *l'une des actrices de la troupe de comédiens qui est présentement à Mascon*, a toutes les qualités requises pour mériter une place dans la troupe de ses comédiens qui représentent dans la salle de son palais royal, Sa dicte Majesté mande et ordonne à la dicte Beauval et à son mary de se rendre incessamment à la suite de sa cour pour y recevoir ses ordres ; veut et entend que les comédiens de ladicte tr3upe qui est présentement à Mascon, ayent à les laisser seurement et librement partir, sans leur donner aucun trouble ny empeschement, nonobstant toutes conventions, contracts et traitez avec clauses de desdit qu'ils pourroient avoir fait ensemble, dont attendu qu'il s'agit de la satisfaction et du service de Sa Majesté, elle les a relevés et dispensez : Enjoint à tous ses officiers et sujets qu'il appartiendra de tenir la main à l'exécution du présent ordre.

« Fait à Saint-Germain-en-Laye le XXXI juillet 1670.

« (Signé) Louis, et plus bas : Colbert. »

(2) C'est sans doute ce fait qui a donné lieu à la *légende* du départ de la Beauval de chez Filandre, pour entrer chez Paphetin.

Depuis quelque temps, le vieux Filandre avait vu des troupes rivales prendre pied dans la Bourgogne, qu'il avait pu considérer naguère comme son petit royaume. Sans parler des comédiens de Mademoiselle, du Dauphin, et de ceux qui s'intitulaient Comédiens du Roi, une nouvelle troupe lui faisait surtout une rude concurrence à Dijon : c'était celle de Son Altesse royale le duc de Savoie. En 1668, elle avait été autorisée à jouer, à condition de céder la place aux comédiens du roi aussitôt leur arrivée ; depuis, elle avait obtenu une nouvelle permission de représenter, à charge de verser 60 livres pour les pauvres et de ne pas prendre plus de 20 sous par personne. Jean Deschamps qui la dirigeait parvint même à s'associer les Beauval.

C'était pour la troupe de Filandre une véritable dislocation. Le vieux comédien voulut d'abord se raidir contre la mauvaise fortune. La troupe qu'il dirigeait et que les Beauval venaient de quitter avait été autorisée à se rendre à Dijon au carnaval de 1670 et n'avait pu s'y trouver à l'époque fixée. La Delisle, femme du décorateur de cette troupe, pria MM. de la Mairie, dans une requête du 2 mars 1670, de vouloir bien lui concéder le privilége de représenter l'été prochain à l'exclusion de toute autre compagnie. Dans cette requête, la Delisle faisait de pompeux éloges des acteurs dont elle se disait la mandataire et auxquels elle donnait le titre de *comédiens du roi*. Aussi obtint-elle d'abord ce qu'elle demandait ; mais Deschamps et consorts, précédemment autorisés à représenter à Dijon après la Saint-Jean, ne se tinrent pas pour battus et répliquèrent aussitôt en exposant à la chambre de ville, que les prétentions de la Delisle n'étaient aucunement fondées, cette femme n'étant « advouée que de son mari, » et la *troupe de Filandre étant presque entièrement dissoute depuis le départ des époux Beauval*. Les comédiens du duc de Savoie terminèrent leur requête en offrant de venir dans la capitale de la Bourgogne incontinent après Pâques, proposition qui fut acceptée, et la permission d'abord accordée à leurs concurrents « révoquée » par la chambre de ville.

Ainsi plus de six mois avant la lettre royale du 31 juillet 1670 qui les appela chez Molière, les Beauval n'étaient plus attachés à Filandre et faisaient partie des acteurs du duc de Savoie. Il est probable dès lors que lorsque Baron fut mandé de Dijon, vers Pâques, il était comédien de la même troupe (1).

Qu'était-ce que la troupe du duc de Savoie, qui se trouvait à Mâcon au 1er août 1670, et son directeur Jean Deschamps? Chappuzeau parle avec éloge de cette troupe du duc de Savoie, Charles-Emmanuel, qui jouait tous les hivers à Turin, et repassait les Alpes l'été pour venir jouer en France. Il dit qu'en 1673, les acteurs qui la composaient étaient de Beauchamp, de Châteauvert, Guérin, Provost, de Rochemore, de Rosange, de Valois, et les demoiselles de Lan, Mignot, de Rosange et de Valois (2).

Chappuzeau ne s'est-il pas trompé en citant Beauchamp au lieu et place de Deschamps? Il y a bien un acteur de l'époque qui porte le nom de Jean Uscet, sieur de Beauchamp.

---

(1) Je ne dis pas *il est certain*, à cause du peu de temps que les Beauval paraissent avoir passé avec Deschamps. — Je regrette de ne rien savoir sur l'histoire du théâtre à Mâcon. *L'inventaire des archives municipales*, par M. Michon, ne mentionne au commencement de deuxième portion du XVIIe siècle, que la naissance d'une fille de Simonin, comédien du roi.

(2) *Théâtre françois*, p. 110. Guérin est sans doute l'acteur qui épousa la veuve de Molière. Mlle de Lan appartient à une famille de comédiens qu'on retrouve dans bien des troupes du temps. Le nom de Mignot est également connu, à la différence de ceux des autres comédiens de la troupe du duc de Savoie. En 1661, on rencontre celui de *Prévost*, dans la troupe de Molière, en qualité de figurant. (Voir Hillemacher, *Galerie de la troupe de Molière*.) Est-ce le même que le Provost cité par Chappuzeau? En 1684, une demoiselle Provost était préposée depuis vingt ans à la recette de la Comédie française. Un acteur de campagne, du nom de Provost, débuta, mais ne fut pas reçu, le 9 mars 1695 (Parfait, t. XIII, p. 137). Rochemore entra au Théâtre français en avril 1685, dit La Grange, à la place de Poisson.

Molière et *Mademoiselle Beauval* tinrent même sur les fonts de Saint-Sauveur à Paris, le 11 février 1673, une fille de cet acteur et de sa femme Claudine Mallet. Malheureusement on a bien peu de renseignements sur son compte. On voit figurer parfois dans la troupe de Molière le danseur et chanteur Beauchamp; on parle aussi d'une bonne actrice de Paris, *Petit de Beauchamp*, dite la Bellebrune, grand'mère maternelle de du Bocage, dit Mlle Poisson dans ses articles du *Mercure* de 1740, page 845, et qui mourut dans la troupe du duc de Brunswick de la branche de Zell (1).

Toujours est-il que, soit que Chappuzeau ait commis une confusion, soit que Beauchamp ait abandonné la troupe du duc de Savoie pour venir à Paris où on trouve, en 1673, un comédien de ce nom, chose curieuse, à côté de la Beauval, soit qu'il ne l'ait dirigée que postérieurement, c'est Jean Deschamps que les registres de ville de Dijon nous indiquent comme chef de cette troupe en 1670. L'année qui suivit son conflit théâtral avec Filandre, c'est encore lui qui dirige la troupe du duc de Savoie venant représenter à Dijon pendant la tenue des États.

La troupe du duc de Savoie revint encore souvent dans la capitale de la Bourgogne; on l'y retrouve, je ne dirai pas tous les ans, mais à des intervalles néanmoins peu éloignés, jusqu'à 1678 (2). Elle joue des pièces à machines, des pièces toutes nouvelles, *Iphigénie*, *Phèdre*, *Hippolyte*, *Jephté*, et *Adonis*, en 1677. Mais quand on rencontre de nouveau Deschamps à Dijon en 1687, il figure cette fois comme directeur d'une troupe de comédiens du roi.

Qu'était-ce donc que ce Jean Deschamps, qui, nouveau Protée, semble avoir subi plus d'une transformation dans sa carrière théâtrale? C'était probablement le même que Jean

---

(1) Vers 1690 seulement, on trouve à Dijon une troupe de comédiens dirigée par un sieur de Beauchamp.

(2) A partir de cette date, je ne la trouve signalée à Dijon que dix ans plus tard, en 1688.

Deschamps, sieur de Villiers, plus connu sous ce dernier nom, né en 1648, et fils de Claude Deschamps, sieur de Villiers, le célèbre acteur de l'hôtel de Bourgogne, bien connu des curieux ne fût-ce que par *l'Impromptu de Versailles* et par *la Vengeance des marquis*. On retrouve Jean de Villiers dans les parages que devait exploiter la troupe du duc de Savoie, à Grenoble (1), où il épousa Catherine Raisin; à Lyon, où le 6 janvier 1674, sa femme le rendait père d'une fille qui reçut le nom de Catherine-Marie. Toutefois on eût été plus disposé tout d'abord à le considérer comme acteur de la troupe des Dauphins, c'est-à-dire des Raisin ; mais le peu de solidité des troupes de comédiens, et les fréquents changements qu'elles subissaient permettent de se rendre compte comment il a pu passer de l'une à l'autre (2). Plus tard il se transporta à Rouen avec les siens, ainsi qu'on le verra tout à l'heure, et entra à la Comédie française en 1679 avec Raisin le cadet et sa femme Françoise Longchamps. Pour se rendre à Paris, « il avait quitté, dit-il lors de la réunion de 1680, un établissement considérable à Rouen, où il avait tout son bien (3). » C'était sans doute le théâtre enfantin, la troupe d'enfants, dite du Dauphin, que sa femme la Villiers-Raisin, fidèle aux traditions de famille, continua un instant à diriger dans cette ville, puis à Paris. Malgré ses plaintes de 1680, il passait pour un des riches comédiens de son temps. Dans le curieux *Voyage à Guibray*, dont je parlerai longuement à l'appendice, le comédien Floridor vante les gros profits qu'on peut faire dans la vie des comédiens de campagne « et que tout nouvellement y avoient fait Deschamps,

(1) Quelque temps avant, on voit à Grenoble le comédien bibliophile Rosimond, qui, en 1668, y fit représenter et imprimer le *Duel fantasque*. On sait ou on ne sait pas que le Catalogue de la bibliothèque de Rosimond se trouve à Saint-Pétersbourg.

(2) En 1672, du 29 avril au 11 août, un de Villiers figure aussi comme gagiste chez Molière. Ne serait-ce pas le départ des Beauval et de Baron qui aurait fait abandonner à Deschamps la troupe du duc de Savoie ?

(3) Voir M. Bonassies, *La Comédie française*, p. 58.

Guérin, le Baron, Rozimont et la Champmeslé (1). » C'était en 1704, que paraissait le *Voyage à Guibray* ; Jean Deschamps était mort en 1701.

Il était bien jeune encore en 1670, il n'avait que vingt-deux ans alors, quand les Beauval s'étaient associés à sa fortune, après avoir quitté le vieux Filandre, et quand il comptait aussi sans doute, dans sa troupe, le beau Baron encore plus jeune que lui.

Que devint Filandre, après l'abandon des Beauval, qui laissait sa troupe *presque entièrement dissoute*, après la vente de sa garde-robe théâtrale à Baron ?

Se retira-t-il enfin du théâtre, pour toujours, ou pour ne plus y faire que de rares apparitions ? C'est plus que probable. La qualité d'officier, c'est-à-dire de comédien de M. le Prince, qu'il prend en 1683, en se trouvant au milieu de ses anciens camarades, ne vise certainement que son passé, et n'a nullement trait à sa profession actuelle. Il serait possible néanmoins que, comme plus d'un de ses confrères, comme plus d'un acteur de notre temps, le vieux comédien n'eût pu s'arracher à cette vie factice du théâtre, qui était devenue pour lui la vie réelle et qu'en vendant une partie de sa garde-robe à Baron il n'eût pas dit pour cela un dernier adieu à la scène.

Pour arriver à la certitude sur ce point, au lieu de simples probabilités, il faudrait connaître les noms des comédiens composant après 1670 la troupe de M. le Prince, et on est réduit à quelques mentions bien sèches constatant leur séjour à Dijon.

On voit, il est vrai, des troupes de comédiens dans cette ville ne portant aucune qualification spéciale, ou ayant celle très-vague de « comédiens du roi, » que la troupe de Filandre prenait elle-même en 1670.

Après le départ de Deschamps de Dijon, en 1670, le 11 décembre, la Mairie accorde l'autorisation de jouer pendant

---

(1) Voir le *Voyage à Guibray*, 1704, in-12, p. 20.

un mois aux sieurs de Richemond, Longueul, Duperche, « comédiens du roi. » Était-ce ceux en faveur desquels avait intercédé au mois de mars la requête de la Delisle ? Il n'est pas facile de le savoir, la délibération de ce jour ne parlant nullement de Filandre (1).

A l'entrée du duc d'Enghien en 1671 à Dijon, permission de donner des représentations, pendant le séjour de M. le Duc en cette ville, fut accordée aux comédiens de Son Altesse Sérénissime Mgr le Prince, à charge de verser 60 livres pour les pauvres et de ne jouer ni pièces, ni farces scandaleuses.

En 1674, la Chambre de ville accorde aux comédiens de M. le Prince gouverneur la permission de représenter, à condition de ne prendre que 10 sous pour les pièces anciennes et sans machines, et 20 sous pour les autres.

Ils étaient sans doute encore à Dijon pendant l'été de cette année, car on voit une délibération du 3 juillet 1674 autoriser les comédiens de M. le duc d'Enghien (probablement les mêmes que ceux de son père) à dresser leur théâtre dans le lieu le moins incommode au public qu'il se pourra, à charge de ne faire payer que 15 ou 20 sous, selon les pièces, et d'indiquer le prix sur les affiches placardées en ville (2).

On ne retrouve les comédiens de Son Altesse Sérénissime

(1) Ce n'est pas la première fois que le nom de Richemond se montre sur le théâtre de Dijon. A deux reprises différentes, en 1663 et 1664, on voit l'autorisation de jouer accordée aux comédiens du roi, dont le directeur est Hugues Poillebois, sieur de Richemont, à la troupe dirigée par le sieur de Richemont. C'était un rival de Filandre à cette époque. Quant à Longueuil et à Duperche, nous les retrouverons à Dijon ou plutôt à Lyon, en 1689.

(2) Ces comédiens sont-ils les mêmes que ceux de Son Altesse Sérénissime Mgr le Duc, qui représentèrent à Lille la tragédie d'*Hippolite*, de Bidard, dédiée au maréchal d'Humières, en 1675? — Dijon continue, à cette époque, 1670-1681, à regorger de comédiens, comédiens de la reine, comédiens du Dauphin, comédiens du duc de Savoie, comédiens du roi dirigés par le sieur de Longueval, comédiens de la Dauphine. Les comédiens du roi présentent une requête signée par *Champmeslé* lui-même, afin d'obtenir de représenter à Dijon en 1676. La ville refuse à cause de l'état actuel des affaires et du mauvais temps qui « font que l'on a plus

M. le Prince, à Dijon, qu'en 1679, après une absence de quatre ans, au tripot de la Poissonnerie. Quel avait été tout d'abord, et avant cette date, leur chef, après la retraite de Montchaingre?

Ce fut sans doute Henri Pitel, sieur de Longchamp, élevé du rang de simple acteur à celui de directeur de troupe.

Vers 1676 ou 77, on dit qu'il passa en Angleterre avec sa fille Françoise, devenue plus tard la célèbre Mlle Raisin (et sans doute aussi avec sa femme et sa fille aînée Anne, mariée à son camarade Durieu). La troupe qu'il dirigeait brilla beaucoup à la cour de Charles II, qui aimait les plaisirs du théâtre et les jolies comédiennes. Après y avoir passé quinze à dix-huit mois, ils revinrent en France et jouèrent pendant quelque temps à Rouen, où Françoise Pitel (Fanchon Longchamp, comme on l'appelait) épousa le fameux comédien Raisin le cadet, qu'elle avait dû déjà rencontrer en Bourgogne et à Lyon. En 1679, elle entrait à l'hôtel de Bourgogne avec son mari et son beau-frère, Jean Deschamps de Villiers, dont j'ai parlé.

Le séjour de Henri Longchamp et de sa famille à Rouen dut même être assez long, à en croire les différents historiens du

---

besoin de prières que de divertissements. » Les opérateurs ou montreurs de curiosités pullulent. On voit, tour à tour, les marionnettes italiennes montrées par Gérard, natif de Picardie ; le danseur Rémond, montreur de curiosités, joueur des menus plaisirs du roi ; le fameux Maurice Goudeberq, sauteur du roi et sa troupe ; Pierre Dupillier de Belletour (ou Bellecour, dit Dupillé), opérateur du roi, du duc de Savoie et de Mgr l'archevêque de Lyon, seul distributeur d'orviétan, dans les provinces de Languedoc, Dauphiné et Lyonnais, qui monte un théâtre pour sa troupe et pour vendre son orvétian, place Saint-Jean ; le sieur Jeandame, danseur et voltigeur de corde du roi, venant de Maëstricht, et sa troupe ; les frères Desvaux, anglais, qui montrent la famille des *Mandragonnes*, avalent des charbons ardents et de l'eau bouillante ; l'opérateur Larminier, de Plaisance ; les célèbres marionnettes de Jean Datelin, dit *Brioché*, joueur des menus plaisirs du roy, de Mgr le Dauphin et des enfants de France ; Jacques Orgères, montreur de marionnettes nglaises et grand buveur d'eau, sans parler des phénomènes et de éantes, etc.

théâtre. De Mouhy (*Abrégé de l'histoire du théâtre*, t. II, p. 424) l'appelle, lui et sa femme, comédiens de Rouen. Hillemacher, qui reproduit ses traits d'après un portrait à l'aquarelle, le dit directeur d'une troupe exploitant Rouen et le Lyonnais (1). Soleirol, toujours plein d'erreurs, et qui en fait bien à tort aussi un comédien de la troupe de Molière, prétend qu'il avait été peu goûté à Lyon, à cause de son âge peu avancé, et qu'il fut ensuite directeur à Rouen (2).

La troupe qu'il y avait dirigée était, on l'a vu, celle des comédiens de M. le Prince, fixée alors bien loin de la capitale de la Bourgogne.

Au mois d'avril de cette année 1679, de Visé écrivait dans le *Mercure Galant* (p. 363, 364) : « La troupe du roy a fait paraître trois nouveaux acteurs qui ont eu de grands applaudissemens. Vous n'en serez point surpris quand vous sçaurez qu'ils étaient *dans la troupe de M. le Prince*, qui, après les deux qui jouent à Paris, est la meilleure qui soit en France. » C'était Raisin, sa femme et de Villiers. Les camarades de Montchaingre avaient maintenu leur ancienne réputation, et, chose curieuse, Jean Deschamps était devenu, lui aussi, comédien de M. le Prince.

Les frères Parfait ont cru, bien à tort, que ces lignes du *Mercure* se rapportaient à la troupe de Mgr le Dauphin, c'est-à-dire à celle qui, en 1664, s'était placée sous le jeune patronage de son nom. On sait que la troupe des Raisin, formée d'abord à cette date d'une troupe d'enfants pour les amusements du Dauphin, devenue ensuite troupe foraine, puis troupe de campagne, avait vu grandir les *jeunes Rayotins*, qui la composaient tout d'abord.

---

(1) C'est bien à tort que M. Hillemacher a donné une place à Longchamp dans sa *Galerie de la troupe de Molière*. Si Longchamp, ce qui reste douteux, joua par instants à la Comédie française, ce ne fut qu'après 1680, c'est-à-dire bien longtemps après la mort de Molière. Il était, dit-on, fin et spirituel dans les *Crispins*.

(2) Soleirol, *Molière et sa troupe*, p. 103. Il cite dix-sept portraits ou costumes d'Henri Longchamp !

Elle avait couru la province, composée qu'elle était des deux frères Raisin, de leur mère, de leur sœur Catherine, mariée plus tard au comédien de Villiers. On voit les comédiens ordinaires de Mgr le Dauphin représenter à Dijon, bien peu de temps après leur départ de Paris, 1664-1665. On les retrouve même les années suivantes jusqu'à 1668 dans cette ville, où la réunion des États provinciaux, à la veille de la conquête de la Franche-Comté, fut l'occasion de fêtes splendides données par M. le Prince, et amena un grand concours de comédiens. Après un répit de quelques années, on les revoit encore à Dijon de 1672 à 1673. Les comédiens de Mgr le Dauphin ayant présenté à la Chambre une requête signée par les sieurs Raisin, Molier (Molier la célèbre danseur musicien) et autres, on leur permit de construire leur théâtre à condition de soumettre préalablement au maire la liste de leurs pièces, de verser 60 livres pour les pauvres, de ne prendre que 15 sous par personne, si ce n'est lorsqu'ils représenteraient le *Bourgeois Gentilhomme*. Ils étaient alors autorisés à prendre 20 sous.

Vers la même époque, leur troupe paraît à Lyon. Elle y représentait au mois de novembre 1673. Chappuzeau (liv. III, p. 160) a bien soin de signaler alors dans cette ville la présence de la troupe des Dauphins, qui, dit-il, « sçavent conserver l'estime générale qu'ils ont acquise, et sont toujours suivis, » tandis qu'une autre bande de comédiens languissait à côté d'eux. En 1674 elle est encore à Lyon, où Catherine Raisin devient mère le 6 janvier.

Plus tard, on la rencontre à Rouen, où ses principaux acteurs s'abouchent avec Henri Pitel-Longchamp, qu'ils avaient sans doute déjà rencontré à Dijon. Raisin cadet épousa alors, ainsi que je l'ai dit, la plus jeune des filles de ce comédien ; il entra sans doute dans la troupe de son beau-père avec les autres membres de sa famille, ou, si l'on veut, les deux bandes de comédiens n'en firent plus qu'une.

Ainsi s'explique comment on trouve qualifiés tous deux, à Paris, du titre d'*officiers de M. le Prince*, Henri Pitel de Longchamp, au mariage de sa nièce Louise, le 18 janvier 1683, et Jacques Raisin, Raisin l'aîné, le 21 août 1683 (toujours cette même année), au baptême d'un de ses neveux. Jacques Raisin devait bientôt troquer ce titre contre celui d'officier du roi, car il entrait le 24 mars 1684 à la Comédie française, lors de la retraite d'Hauteroche. Si Raisin cadet et sa femme, qui fut une des plus belles et des plus fameuses actrices de son temps, et que sa longue liaison avec le grand Dauphin a rendue célèbre à un autre titre, ne paraissent pas à Paris avec la qualité d'officiers de M. le Prince, c'est précisément que dès leur arrivée dans cette ville, dès 1679, ils étaient entrés à l'hôtel de Bourgogne. Ils n'en eurent pas moins pour cela des relations avec l'hôtel de Condé, car on voit, le 12 novembre 1680, Louis de Bourbon, le grand Condé, et Anne de Bavière, duchesse d'Enghien, sa belle-fille, tenir (par procureurs) sur les fonts de baptême de la paroisse Saint-Sulpice un de leurs premiers enfants, Anne-Louise.

C'était évidemment Henri Pitel de Longchamp et leur commune qualité d'anciens comédiens de M. le Prince qui étaient cause de cette protection, se traduisant en parrainage. On voit même la famille de M. le Prince honorer de ses bons offices l'autre gendre de Henri Pitel, l'acteur Michel Durieu, ancien comédien de la troupe de M. le Prince, mort en 1701, huissier du cabinet du prince de Condé, et qui, moins heureux que sa femme, n'avait pas eu de succès à la Comédie française, où l'influence de Mlle Raisin les avait fait entrer.

Quant à Henri Longchamp, le chevalier Mouhy dit qu'il fut à Paris receveur des billets du parterre à la Comédie française (1). Sa femme, Anne Legrand, Mlle de Longchamp,

---

(1) *Voir* de Mouhy, *Abrégé*, t. II, p. 424. En 1682, Longchamp porte aussi le titre d'employé dans les fermes de Sa Majesté. (*Voir* Jal.)

qu'on a confondue souvent avec sa fille, Mlle Durieu, devint
souffleuse au même théâtre. Ce fut leur hôtel des Invalides.

Mlle de Longchamp mit elle-même la main à une pièce de
théâtre. Elle composa *Titapouf* (*Titapapouf*), ou *Le Voleur*,
petite comédie en un acte et en prose, qui fut donnée le
4 novembre 1687, et n'eut que trois représentations. Aussi
cette pièce ne lui rapporta-t-elle que 27 livres seulement
« pour *part d'autrice*, » dit le registre de la Comédie (1).

Voilà les seuls comédiens de M. le Prince contemporains
de Filandre dont je connaisse les noms. Les acteurs qu'on
trouve à ses côtés et à ceux d'Henri Pitel-Lonchamp assistant au mariage de 1683, ou qu'on voit en relations de
camaraderie avec les Beauval, peuvent jusqu'à un certain
point être présumés avoir passé par cette troupe ou avoir eu
des rapports avec ses directeurs. Je rappellerai donc les noms
de Brécourt, qui précisément, on l'a vu, fut un élève de Filandre ; celui de son neveu François du Mouriez du Périer, qu'il
faut distinguer de l'auteur qui mit ses vers en tête du *Festin
de Pierre* de Dorimon joué et imprimé à Lyon à la fin de
1658 ; enfin ceux de Nicolas Desmares, frère de la Champmeslé (2) et d'André Hubert, célèbre comédien du Marais et
de la troupe de Molière.

A cette date de 1683, l'ancienne troupe de Filandre toute
disloquée, presque complétement renouvelée, ne faisait guère
que se survivre à elle-même. Les beaux jours des comédiens
de M. le Prince étaient passés.

Je donnerai cependant encore quelques renseignements sur
leurs représentations en Bourgogne jusqu'en 1700, pour compléter leur histoire pendant le XVIIe siècle.

En 1678, permission de jouer au jeu de paume de la Pois-

---

(1) *Voir* de Mouhy, t. II, p. 424, les frères Parfait, t. XIII, p. 58, et
M. Despois, *Le Théâtre français sous Louis XIV*, p. 151.

(2) On a malheureusement peu de renseignements sur son compte et
sur son homonyme, l'auteur de *Merlin Dragon*, qui fut *officier de M. le
Prince*. Sont-ils bien deux personnages différents ?

sonnerie à Dijon est accordée aux comédiens de Son Altesse Sérénissime M. le Prince. On voit MM. de la Chambre se réserver le premier rang des places sans payer. C'est l'avénement de la loge municipale de nos jours. L'acteur qui dirige alors cette troupe est le sieur de Châteauneuf, dont j'ai déjà parlé assez longuement. Il n'est plus question ni de Monchaingre ni de Longchamp.

En 1680, nouvelle autorisation. Après cette date, on est dix ans environ sans revoir à Dijon la troupe des comédiens de M. le Prince. N'existait-elle plus, ou n'était-elle pas allée, suivant une ancienne coutume, chercher fortune à Lyon? On pourrait croire qu'elle avait pris ce parti, quand on voit au mois de novembre 1689 les comédiens de M. le Prince ne pas vouloir quitter Lyon pour se rendre en Bourgogne, ainsi qu'ils s'y étaient engagés. Était-ce la même troupe qui, en janvier 1689, avait obtenu l'autorisation de représenter à Dijon? Cette dernière était composée des sieurs Raincy, Dufresne, de Floridor, Perche et Longueil qui avaient précédemment écrit à la veuve Febvre, maîtresse du tripot de la Poissonnerie, une lettre datée de Lyon, ce qui donne lieu de croire que ces acteurs faisaient partie de la troupe de Mgr le Prince, établie à la fin de l'année dans la seconde ville de France (1).

En 1691, elle joue de nouveau dans la capitale de la Bourgogne, toujours dans le même tripot. On connaît presque toutes les principales pièces de son répertoire. Il est dit en effet qu'elle ne devra prendre que 15 sous aux représentations de pièces ordinaires, 30 à celles d'*Amphitryon* et d'*Orphée aux enfers*, 20 *pour le Malade imaginaire, le Bourgeois gentilhomme, le Festin de Pierre, M. de Pourceaugnac, les Coups d'Amour et de Fortune, le Grondeur* (de Brueys), *le Secret révélé* (de Palaprat), *la Folle Enchère* et

---

(1) A la fin de 1670, on a déjà vu, à Dijon, Duperche et Longueil. Dans le *Voyage à Guibray*, de 1704, que nous ferons bientôt connaître, on rencontre le comédien de campagne Floridor.

l'*Été des coquettes* (de Dancourt), *le Veau perdu* (de La Fontaine et Champmeslé), *Marie Stuart*, *Brutus* et *Tiridate*. En 1694, 1698, c'est-à-dire jusqu'à la veille de la fin du siècle, on revoit encore à Dijon les comédiens de M. le Prince (1).

Je m'arrête : à d'autres de grossir cette gerbe de renseignements que j'ai laborieusement rassemblés sur les comédiens de M. le Prince, ainsi que sur la vie de théâtre de Monchaingre, qui m'a conduit à m'étendre sur la troupe d'acteurs restée inconnue jusqu'à ce jour, dont il fut le directeur et le chef. A d'autres d'apporter leur contingent de découvertes, relatives à ce que j'appellerai le premier tome de la vie de Monchaingre, resté encore plus dans l'ombre que le second.

C'est peu de documents sur cet acteur. Faut-il cependant s'en étonner ? C'est le sort des comédiens de disparaître du souvenir de tous les contemporains dès le lendemain de leur mort. Pendant leur vie, ils jouissent de l'ivresse du succès et des applaudissements de la foule ; mais leur réputation est

(1) De 1680 à la fin du siècle, Dijon continue à être visité par les comédiens et les saltimbanques de toute espèce. La troupe royale y vient représenter pendant les États, pendant le séjour du roi, et presque régulièrement, à vrai dire. En 1686, elle est dirigée par le sieur Bonneval (qui fit partie de la troupe de Brunswick en 1673) ; plus tard, par Deschamps. On rencontre les comédiens de Mgr le Dauphin, du duc de Savoie, du sieur de Beauchamp. Vers 1690, la troupe des comédiens du roi est dirigée par le sieur Bocage, sans doute l'acteur Antoine Chanterelle du Bocage, entré plus tard à la Comédie française. Enfin, on voit à Dijon les comédiens de la ville de Lyon. Au commencement du XVIIIe siècle, permission de jouer l'opéra à la Poissonnerie est accordée aux acteurs de l'Académie de musique de Lyon. On sait que cette Académie de musique avait été établie à la fin de 1687 et avait débuté par la représentation du *Phaéton*, de Quinault. Les opérateurs Belletour, Lescot, César Deschamp, Depolony, Demonty, la plupart se disant natifs de Venise, affluent ainsi que les montreurs de phénomènes, sauteurs et danseurs. Je me contenterai de citer les danseurs anglais et hollandais de la troupe d'Honoré et Nevelon, les sauteurs de Coutille de Rome, l'automate parlant de Pierre Cadet de Beaupré, ingénieur et machiniste du roi pour les comédies, etc.

toute viagère. Ils ne laissent guère après eux qu'un nom pour héritage. L'auteur au contraire, dont ils ont interprété les œuvres, attend pendant de longues années la gloire et le sourire de la fortune qui, souvent, hélas ! ne lui viennent qu'après sa mort. Aussi cette gloire posthume n'a-t-elle pas la même fragilité. Comme le marbre des statues, elle défie les ravages du temps et survit à travers les siècles. Musset l'a dit dans ses belles stances à la Malibran :

> « O Maria Felicia ! le peintre et le poète
> Laissent en expirant d'immortels héritiers ;
> Jamais l'affreuse mort ne les prend tout entiers. »

Comme tous ses pareils, Monchaingre n'a laissé après lui que son nom, enveloppé même dans une brume légendaire, d'où il m'a fallu le faire sortir pour reconstituer son individualité. En sait-on bien davantage, Molière à part, de la plupart des grands comédiens du xviie siècle ? En sait-on beaucoup plus des pérégrinations de Molière lui-même à travers la France ?

CHAPITRE V.

Monchaingre dans la vie privée. — Jean-Baptiste, sieur de Monchaingre, dit Filandre, écuyer, seigneur de la Brosse, en Anjou. — Les révélations des registres paroissiaux de Brissac. — Mlle Angélique Meunier. — Filandre et sa femme sont le *Léandre* et l'*Angélique* du *Roman comique*. — Traits de ressemblance ; leur âge. — Les comédiens gentilshommes. Filandre gentilhomme campagnard. — Sa vie en partie double. — Protection des Brissac. — Filandre, concierge du château de Brissac. — Filandre, officier de M. le Prince en 1683. Est-il encore alors comédien ou simplement officier de M. le Prince dans sa baronnie de Trèves ? — Mort de Filandre et d'Angélique. — Angélique enterrée dans l'église de Brissac. — Comédiens inhumés dans les églises. — Portrait d'Angélique. — Le mari de la Caverne. — Monchaingre et la troisième partie du *Roman comique*. — Origine du nom de Filandre. —

Incertitudes sur Destin et Mlle de l'Etoile.— La Rancune. Son portrait.— Le poëte comédien Roquebrune. — Ses sosies probables, le poëte Nicolas Desfontaines, etc. — Invitation à une enquête provinciale sur la troupe de Filandre.

Voilà tout ce que j'avais pu apprendre et découvrir de la carrière de Jean-Baptiste Monchaingre, sans y rien trouver qui vînt à l'appui des quelques mots de Chappuzeau qui pouvaient permettre d'y voir un acteur de la troupe du *Roman comique*, quand je lus dans le *Dictionnaire de Maine-et-Loire* qu'un Jean-Baptiste *Mouchaingre* (c'est ainsi que l'appelle M. Port) avait acheté et possédait en 1671, en Anjou, la terre de la Brosse, commune de Quincé, autrefois paroisse de Charcé, canton de Thouarcé, non loin du château et de la ville de Brissac (1). Ce fut là une piquante révélation qui me mit l'esprit en éveil. Jean-Baptiste Monchaingre avait donc habité l'Anjou, à la porte du Maine. Il y avait, dès lors, une probabilité de plus pour qu'il eût été question de lui dans le *Roman comique*, dont la troupe exploitait les bords de la Loire. Il y avait à Brissac et dans les environs, chance de rencontrer des documents sur son compte, et sur sa femme Mlle Moinier, dont le Catalogue Fossé d'Arcosses n'avait pas donné le prénom. Je m'enquis de renseignements auprès du savant archiviste de Maine-et-Loire dont l'amicale courtoisie m'avait obligé déjà plus d'une fois, et M. Port voulut bien me confier les notes qu'il avait recueillies dans les registres des paroisses de l'Anjou sur ce personnage, resté pour lui inconnu.

Voici ce que j'y lus : « Le septième jour de may 1664 a été enséputuré à l'église Saint-Vincent à Brissac, Louis fils de Jean-Baptiste de Moncheingre, escuyer, sieur de la Brosse, et de demoiselle *Angélique* Moulnier, *comédiens*, qui ayant acquis la Brosse s'habituèrent en cette ville (2). »

(1) Voir *Dictionnaire de Maine-et-Loire*, V° *Brosse*.
(2) Registre des décès de la mairie de Brissac— M. Port croit toujours que le véritable nom est *Mouchaingre* et non Monchaingre. *La signature* du personnage qui se trouve répétée trois et quatre fois au moins dans

Ces quelques lignes étaient tout simplement pour moi une mine d'or. Dès lors je pus vraiment dire : *facta est lux*. Je tenais en effet un comédien gentilhomme, tout jeune encore à l'époque des origines du *Roman comique*, un comédien qui était venu se délasser de sa carrière théâtrale, se reposer sur la belle terre angevine, non loin sans doute du sol natal, un comédien dont la femme s'appelait *Mademoiselle Angélique*, un comédien dont le nom de théâtre était Filandre ; c'était presque le nom qu'avait écrit Scarron dans son *Roman* (la ressemblance est tout à fait transparente). Je tenais en un mot le *Léandre* de la fameuse troupe comique.

N'est-ce pas là, en effet, le *Léandre* de Scarron, gentilhomme d'une maison assez connue dans la province, qui abandonne le collége de La Flèche pour suivre les pas de la comédienne *Angélique* dont les beaux yeux l'ont ébloui et dont il est tellement amoureux, qu'il ne peut plus faire autre chose que l'aimer ? N'est-ce pas là le jeune écolier qui s'est fait comédien par amour, comme Molière, et comme l'ont encore fait bien des collégiens de naguère pour s'attacher aux pas de la Déjazet ? N'est-ce pas là Léandre qui, à Durtal, s'est transformé en valet de Destin, en valet de comédie, et qui, en bien peu de temps, a déjà appris à faire bonne figure sur la scène ? Il prétendait à devenir comédien, faisait assez bien, dit Scarron, entendait assez ce qu'il disait, était de fort bonne mine et avait de l'esprit. Ce qui lui en donnait encore davantage, c'est qu'il brûlait d'épouser sa chère Angélique, si bien que la Caverne finit par approuver la passion des deux amoureux, séduite par le mérite, la conduite et l'amour du jeune gentilhomme, après s'être opposée tout d'abord, en mère sage, à laisser s'aventurer dans cette intrigue une jeunesse de seize ans.

les registres paroissiaux de Brissac, est, dit-il, d'une écriture bien nette large, ferme, qui ne laisse pas le doute. L'autre forme, généralement adoptée, me semble cependant pouvoir revendiquer en sa faveur la tradition orale.

L'âge de Monchaingre et de sa femme, je veux dire l'âge de Filandre et d'Angélique, cadre bien avec celui que le *Roman* donne ou suppose à Léandre et à la fille de la Caverne. Je connais en effet l'âge des deux époux indiqué dans leurs actes de décès :

« Le 25 avril, Hilaire-Baptiste de Moncheingre, dit Filandre, est inhumé, âgé de soixante-quinze ans, le 25 avril 1691 à Trèves. » — « Le 31 avril 1695 est inhumée dans l'église de Brissac la veuve du sieur de Monchingre, Angélique Lemousnier, âgée de soixante-dix-huit ans environ. »

Hélas ! que nous sommes loin de la saison de la belle jeunesse et de l'heure des premières amours des deux amoureux ! Près de soixante années s'étaient passées depuis que le beau Léandre courait à la poursuite des ravisseurs d'Angélique. Bien des rides sillonnaient sans doute le front des deux époux, qui devaient sourire et voir se réveiller les plus doux souvenirs du printemps de leur vie quand ils lisaient dans le livre de Scarron le récit de leurs aventures, tout comme devaient le faire aussi Roland le Vayer de Boutigny et sa femme, lorsque, au déclin de leur carrière, devenus d'austères jansénistes, ils lisaient dans *Tarsis et Zélie*, le récit de leurs amours écrit par le jeune amoureux lui-même.

En 1636 Filandre a environ vingt ans ; c'est bien l'âge que le *Roman* suppose à Léandre, et que devait avoir un jeune gentilhomme à la veille de sortir du collége. En 1636, sa femme Angélique a dix-sept ans. La Caverne donne seize ans à sa fille, et l'on sait que les mères, les mères d'actrices surtout, ne manquent jamais de rajeunir les filles qu'elles ont à marier. Après tout, la troupe comique pouvait aussi bien se trouver au Mans dès 1634 ; car le chiffre que je viens de mettre en avant est tout simplement une moyenne. Pour que Filandre fût devenu acteur et quasi chef de troupe dès 1638, il lui fallait déjà un certain temps d'apprentissage. Arriver à être alors directeur de comédiens à vingt-deux ans, cela suppose à la fois qu'on a débuté de bonne heure, qu'on est doué de vrais talents, ou qu'on a avec soi une bonne fée pour marraine. Il est vrai que le jeune écolier, comme Molière à Paris, au collége de Clermont, avait pu commencer son apprentissage sur le théâtre des Jésuites à la Flèche, très-florissant alors, dont j'ai raconté l'histoire ailleurs, et que le *Roman comique* a bien soin de ne pas oublier.

Filandre, on le voit aussi, était un véritable gentilhomme ; on dit le sieur de Monchaingre, écuyer, dans l'acte de décès de son fils. Cette noblesse n'était donc pas seulement une noblesse de chrysocale, comme les oripeaux de théâtre, une noblesse de comédie, comme celle de bien des acteurs qui se faisaient appeler M. de Beauchâteau, M. de Bellombre, M. de Beausoleil, ou comme celle du célèbre Baron, qui se faisait dénommer parfois écuyer.

Elle était de bon aloi, de même, du reste, que celle de quelques-uns de ses confrères ; car Monchaingre n'est pas le seul gentilhomme d'alors qui soit devenu acteur, puisque, on l'a vu, il y avait en même temps que lui, sur les planches, Floridor, Montfleury, Tristan de Vauzelles, du Croisy, etc. Le fait cependant vaut la peine d'être signalé. Si les gentilshommes devenaient comédiens, c'est qu'à cette époque l'opinion publique ne se montrait pas sévère pour ceux-ci comme elle le fut plus tard, et qu'un comédien estimable pouvait être estimé. L'ordonnance du 18 avril 1641, rendue par Louis XIII à la requête évidente du cardinal de Richelieu leur protecteur, et qui réhabilitait les comédiens honnêtes, ne fut que l'expression judicieuse des sentiments de la société polie du temps. L'arrêt du Conseil d'État de 1668, rendu pour le cas de Floridor, et souvent cité, fait connaître clairement que la qualité de comédien pouvait ne pas déroger.

Après ce qu'ont écrit à ce sujet Chappuzeau et tout dernièrement M. Despois, il est inutile du reste d'insister.

Filandre, gentilhomme quoique acteur, et acteur quoique gentilhomme, s'éprit sans doute en artiste d'une grande passion pour sa nouvelle profession. Il s'éprit des applaudissements du public, du feu de la rampe, des tirades tragiques, du sceptre et du trône des rois de théâtre; car il n'abandonna pas la scène malgré l'héritage paternel qui dut lui permettre de vivre riche et à son gré. Il y persévéra même longtemps, puisqu'il ne l'abandonna au plus tôt (et même peut-être pas définitivement encore) qu'en l'année 1670, alors qu'il céda sa garde-robe de théâtre à Baron, après être resté comédien environ trente-cinq ans et s'être conduit en galant homme, en gentilhomme qu'il était, ainsi que le prouvent son adoption de Jeanne Olivier-Bourguignon, et les bons sentiments qu'il garda envers son ancienne pupille, malgré son incartade de Lyon. Néanmoins, au milieu de ses succès le vieux roi de théâtre avait pensé à revenir sur la terre natale, à se reposer un instant de ses campagnes non loin des bords de la Loire, qui avaient été le théâtre de ses premiers débuts (1).

Si la profession de comédien eût entraîné dès lors la réprobation qui la frappa plus tard, Monchaingre ne se serait pas rapproché de son pays natal et serait allé jouir de sa richesse à l'abri de l'incognito.

Le long exercice de son métier de comédien, indépendamment de l'héritage paternel, l'avait rendu riche (2); il voulut lui aussi, à côté de sa royauté de théâtre, avoir une suzeraineté plus effective. Il acheta à la porte de Brissac la terre seigneuriale de la Brosse qu'il possédait en 1671, et qu'il

(1) Monchaingre n'est pas le seul comédien distingué de ce temps qui ait des liens avec l'Anjou. Sans parler de Zacharie-Jacob Montfleury, on voit dans le *Journal* de La Grange, à propos de la retraite de L'Espy, frère de Jodelet, quittant le théâtre en 1663 : « Le sieur de l'Espy, l'un des acteurs, âgé de plus de soixante ans, s'est retiré auprès d'Angers, à une terre acheptée du vivant de son frère Jodelet, nommée Vigray. » — Est-ce Vigré, en Saint-Martin-du-Bois, non loin de Châteaugontier ?

(2) Le curieux *Voyage à Guibray*, qui contient l'histoire de Filandre et d'Alizon, et dont je traiterai à part dans l'*Appendice*, fait du Filandre dont il est question dans ce nouveau *Roman comique*, le plus riche des comédiens de campagne de son temps. (Voir *Voyage à Guibray*, 1704, in-12, p. 80.)

acquit de Pierre Gaisne (1). Cette terre de la Brosse de Tessigné faisait partie de la petite et bien humble paroisse de Charcé, perdue dans un vallon humide, tout au bord de l'étang de Brissac, aujourd'hui desséché. En en devenant seigneur, Jean-Baptiste de Monchaingre, écuyer, devenu plus tard l'acteur Filandre, transformé cette fois en sieur de la Brosse, dépouillait pour ainsi dire tout à fait le rôle de comédien. Ce nouveau nom, qui sentait tout à fait le gentilhomme campagnard, sonnait évidemment mieux aux oreilles angevines que son nom de théâtre, tout célèbre qu'il était, et même que son nom paternel un peu compromis par son intrusion dans les coulisses. Il lui permettait dès lors de frayer avec les voisins de sa gentilhommière. Ainsi Tabarin lui-même, Antoine Girard, le célèbre *embabouineur* des badauds du Pont-Neuf, avait été (en même temps que son frère Philippe Girard, Mondor de son nom de guerre) sieur de Fréty et de Coteroye (2).

Après l'achat de la Brosse, Monchaingre et sa femme *s'habituèrent* à Brissac. L'exercice de leur profession leur laissait des loisirs. Pendant le carême, les troupes de campagne chômaient invariablement ; il est probable qu'il en était parfois de même pendant les chaleurs de la canicule. Léandre et Angélique menaient donc la vie en partie double, gentilshommes campagnards en Anjou, comédiens en Bourgogne.

Après avoir vu mourir leur fils à Brissac, en mai 1664, on rencontre dans cette ville, le 5 avril 1670, la femme

(1) Mlle Durieu, Anne Pitel de Longchamp, fille et femme de deux camarades de Monchaingre, acheta aussi une terre à la campagne, la Davoisière, près Falaise, où elle se retira et où elle mourut ainsi que sa sœur, Mlle Raisin.

(2) Les comédiens devenus seigneurs étaient exposés parfois à d'assez drôles mésaventures de la part des gentilshommes qui relevaient d'eux et même d'autres personnes, telles que ce curé dont parlent les *Anecdotes dramatiques*, t. II, p. 576, disant à son prône : « Mes chers frères, prions Dieu pour la conversion de monsieur un tel, comédien, seigneur de cette paroisse. » — La Brosse, achetée de Pierre Gaisne, appartenait en **1740** à Louis Rogeron.

de Monchaingre, demoiselle Angélique Meunier (*sic signat*), en qualité de marraine de l'enfant posthume d'un chirurgien; c'est l'année même de l'entrée de la Beauval chez Molière et du conflit avec Deschamps.

Un autre attrait, celui d'un durable souvenir de sa vie de comédien, et d'une noble amitié, conviait aussi le vieil acteur à se fixer à Brissac. A Lyon, il avait été remarqué par la femme du gouverneur de la ville, Mme Marguerite de Cossé-Brissac, femme du marquis de Villeroy, gouverneur du Lyonnais. La marquise avait aussi gardé le souvenir de sa pupille, puisque le 4 septembre 1672, elle tint sur les fonts, à Paris, une fille de la Beauval avec son frère le duc de Brissac, messire Henry-Albert de Cossé, duc et pair de France (1645-1698). Les Brissac connaissaient de la sorte le comédien gentilhomme, dont ils avaient été à même de remarquer les talents ainsi que l'honnêteté. Ils le prirent à leur service à Brissac, comme il avait été, mais d'une autre façon, à celui des Villeroy à Lyon.

En 1675, le 27 mai, dans un acte de mariage où il signe comme témoin, et l'année suivante dans des actes analogues (28 juillet et 20 septembre 1676), Jean-Baptiste de Moncheingre est dit demeurant au château de Brissac.

Un acte plus explicite de 1680, le dit *concierge* du château de Brissac (1).

Le vieux comédien avait ainsi trouvé pour abriter honorablement sa vieillesse, une généreuse hospitalité dans un des plus magnifiques châteaux de France, qui, dans le premier tiers du siècle, avait été décoré par de nombreux artistes angevins et manceaux et où on déployait un faste vraiment royal.

---

(1) De 1620 à 1646, le château a pour « concierge » un commissaire de l'artillerie de France, Barbelevée, en 1647 Herbinot. Voir *Dictionnaire de Maine-et-Loire*, V° *Brissac*. — Le peintre manceau Gasselin, qui fut un des artistes du château de Brissac, se maria dans la famille de ce Barbelevée.

Comment retrouve-t-on au commencement de 1683, c'est-à-dire treize ans après la vente de sa garde-robe à Baron, Monchaingre à Paris, qualifié d'officier de M. le Prince ? Continuait-il à mener sa vie de Janus et à être tour à tour, selon les lieux et les saisons, comédien ou gentilhomme ? J'ai peine à le croire.

Monter à soixante-sept ans encore sur les planches du théâtre, faire d'une façon continue le métier d'acteur à cet âge, après avoir goûté, depuis longtemps déjà, les douceurs de la vie de foyer dans la conciergerie de Brissac, ou dans les grandes salles de la Brosse, c'est bien extraordinaire pour être probable, à moins que Monchaingre, comme beaucoup de comédiens qui ne peuvent renoncer aux planches du théâtre, n'eût été pris de la nostalgie de la tragédie, puisque ce n'était pas, comme pour tant d'autres, le besoin qui le forçait à prolonger sa carrière théâtrale. S'il se trouve à Paris en 1683, c'est simplement comme témoin du mariage d'un enfant de sa fille adoptive qu'il y figure. Son titre d'officier de M. le Prince n'implique pas alors, il me semble, l'exercice de la profession de comédien. Ce titre avait été acquis par lui de vieille date ; se retrouvant dans une fête de famille, au milieu d'anciens camarades qui avaient été comme lui comédiens de Condé, il a pris comme eux la qualité d'officier de M. le Prince, de même que ceux qui avaient un instant fait partie de la troupe royale se paraient, le restant de leur vie, du titre d'officier du roi.

Le curieux acte de décès de 1664 le montre bien à la fois sous sa double physionomie de châtelain et de directeur, puisqu'il parle de lui et de sa femme comme de « comédiens qui, ayant acquis la Brosse, s'habituèrent en cette ville. » A cette date, pas plus qu'au commencement de 1670, ils n'avaient renoncé à leur profession, et lui eussent-ils dit adieu qu'ils n'auraient pas eu le temps encore de se refaire une virginité et de faire oublier leur ancien métier. Mais en 1683 la vieillesse était venue, et depuis treize ans leur nom ne se rencontre plus, que je sache, parmi ceux des acteurs de ce temps. En 1683, l'année même où il figure à Paris au mois de janvier, on le trouve à Brissac dès le 17 avril (1).

Ce n'est qu'à l'aide de dates plus nombreuses qu'il sera possible d'arriver à la vérité sur ce point. Ce n'est pas d'un seul coup qu'on a débrouillé l'histoire de Molière avant son retour à Paris ; encore est-elle loin d'être bien complète aujourd'hui. Il est cependant presque certain, après la déclaration de 1667 et la vente de 1670, que la qualité d'officier de M. le Prince que prend Monchaingre en 1683, est un titre d'ancienne date et non la preuve de l'exercice continu de la profession de comédien.

Peut-être même répond-elle simplement à une tout autre fonction ? Après un silence de huit années sur les derniers jours de la vie de Monchaingre, on le voit inhumé à Trèves le 25 avril 1691, à l'âge de soixante-quinze ans. Pourquoi vient-il laisser ses cendres à ce joli village des bords de la Loire, peu éloigné de La Flèche et surtout de Saumur où, en 1638, il avait eu des succès si flatteurs pour un jeune comédien de campagne, en compagnie de Floridor ? Avait-il donc quitté le château de Brissac pour s'attacher par un nouveau lien à M. le Prince, à qui appartenait du chef de sa femme la baronnie de Trèves, et devenir ainsi *son officier* à un autre titre que celui de comédien (2) ? Cela ne serait pas impossible.

C'est à Brissac toutefois que mourut sa femme qui lui survécut encore quatre ans. Elle fut inhumée dans l'église de

(1) J'ai remarqué toutefois qu'on ne rencontre pas son nom à Brissac pendant les mois d'hiver. — Si l'on avait vu la troupe des comédiens de M. le Prince, contribuer à ses plaisirs dans un de ces jours de gala où il déployait tant de magnificences, on eût pu croire que Filandre remontait sur le théâtre pendant quelques soirées avec ses anciens amis, comme le fit plus tard Baron dans les appartements de Versailles.

(2) On sait que le duc de Brissac, comme dit Saint-Simon, fut réduit « à n'avoir pas de pain longtemps avant de mourir, sans table, sans équipage, sans cour, sans guerre. » Voir aussi sur ce triste personnage les *Archives de la Bastille* de M. Ravaisson, t. V, p. 462, et t. VI, p. 61. — Cette détresse a pu motiver le changement de condition de Monchaingre.

cette ville, le 31 avril 1695, à l'âge de soixante-dix-huit ans environ (1).

Une comédienne enterrée dans l'église, quand Molière eut grand'peine à obtenir par prière un peu de terre bénite pour reposer dans un cimetière, cela peut étonner ceux qui ne sont pas familiers avec l'histoire de notre ancien théâtre, et ne connaissent pas l'opinion du monde et du clergé à l'égard des comédiens, avant les avanies que leur valurent le *Tartuffe* et le *Festin de Pierre*. Il n'y a cependant là rien d'extraordinaire. Isabelle Andréini, en 1604, eut de solennelles obsèques à Lyon, et son épitaphe disait : *Religiosa, pia... hìc resurrectionem exspectat*. La veuve de Tabarin, l'Italienne et ancienne danseuse Vittoria Bianca, avait eu à l'église Saint-Paul, en 1633, un splendide enterrement, auquel avaient assisté vingt-quatre prêtres outre les quatre prêtres porteurs. Gautier Garguille, Gros-Guillaume et Turlupin comédiens de l'hôtel de Bourgogne, avaient été inhumés en l'église Saint-Sauveur, comme le fut plus tard aussi l'acteur Poisson (2). Madeleine Béjart elle-même, en 1672, avait été enterrée sous les charniers de l'église Saint-Paul, et l'on connaît les fondations pieuses contenues dans son testament. Ragueneau, l'ex-pâtissier devenu comédien-poëte, fut inhumé à Lyon, en 1654, en l'église Saint-Michel. On connaît du reste assez par le célèbre chapitre de Chappuzeau sur la conduite des comédiens, ce qu'il dit de la vertu et de la religion des acteurs de son temps. Rien d'étonnant donc à ce que la femme de Filandre, Angélique, qui était une comédienne des anciens jours, du bon vieux temps, eût elle-même cette conduiet vertueuse et ces sentiments religieux qui furent aussi le lot de la famille de

---

(1) Monchaingre et sa femme, au moment de leur mort, étaient presque les plus vieux comédiens de leur temps. Je n'en connais guère de plus vieux, sauf Scaramouche, mort le 7 décembre 1694, à quatre-vingt-six ans « dont les six derniers peu plaisants. » Voir la *Vieillesse de Scaramouche*, par MM. Campardon et Longnon, 1875, 28 p. in-8°.

(2) Jodelet fut inhumé en 1660, à Saint-Germain-l'Auxerrois. L'honnête La Grange fut aussi inhumé dans l'église de sa paroisse, en 1692.

La Grange, de Floridor, de du Croisy, et qu'elle en ait été récompensée par l'abri donné à sa dépouille mortelle sous les dalles de l'église de Brissac (1).

« Elle étoit très-honnête fille, dit Scarron, avoit été bien élevée par sa mère et avoit de l'esprit (2). » Son humeur enjouée et libre l'empêchait d'observer beaucoup de cérémonies, et si elle se débarrassait des galants provinciaux à toute outrance qui l'obsédaient, à l'aide d'un coup de pied dans l'os des jambes, d'un soufflet, d'un coup de dent, ou même d'un grand coup de busc, comme Ragotin en reçut un sur les doigts, elle n'était pas pour cela dévergondée ; c'était pure gaieté de caractère. Chose rare, a-t-on dit, elle était ingénue dans la vie privée comme sur le théâtre. Elle et sa mère méritaient d'être aimées autant que comédiennes de France. Aussi voit-on dans le *Roman comique* Destin la confier, après son enlèvement, à la sœur du vieux curé du village où se trouvaient les comédiens, jusqu'à ce qu'on vînt la querir du Mans. On a remarqué avant moi qu'on trouvait dans le *Roman* de Scarron la preuve de l'honnêteté de la vie des comédiens de son temps et des bonnes relations qu'ils avaient avec les membres du clergé, et qu'on ne pouvait plus en dire autant des comédiens de l'époque de *Gil Blas* et du *Diable boiteux*. Il n'est donc pas surprenant qu'Angélique Meunier, après avoir été bien vue pendant sa jeunesse par les curés de village que rencontrait la troupe comique dans ses courses nomades, soit morte et ait été enterrée en chrétienne, alors qu'à l'âge de soixante-dix-huit ans elle devait depuis longtemps être désabusée de l'éclat de la vie de théâtre, qu'elle

---

(1) Du Croisy, retiré à la campagne, était regardé par son curé comme un de ses meilleurs paroissiens. La mort de bien des comédiens, à défaut de leur vie, était chrétienne, témoin celle de Bellerose, de la Champmeslé, de la des Œillets, de Beaubourg. Voir aussi M. Despois, *Le théâtre sous Louis XIV*, liv. IV, ch. I; *Les comédiens et le clergé*, p. 214, et M. Ed. Thierry, *La Grange et son registre*, p. 73, in-8°.

(2) *Roman comique*, liv. I, ch. VIII et XII.

n'avait embrassée uniquement, du reste, que par suite de sa qualité de fille de comédienne.

Elle était, s'il en fut, de race de comédiens, puisque sa mère, actrice comme elle, était elle-même fille d'un comédien et née, à vrai dire, comédienne. L'interruption, dans le *Roman*, de l'histoire de la Caverne, laissée si malencontreusement inachevée par Scarron, comme son roman lui-même, nous empêche malheureusement de connaître l'histoire du père d'Angélique (1). Le nom de Meusnier, Moulnier, Moinier, Lemousnier, qu'elle porte, nous donne cependant le nom de son père. Peut-être trouvera-t-on ce Meunier figurant dans quelque troupe (2) ?

(1) La troisième partie du *Roman comique* contient la fin des aventures de la Caverne; mais tant qu'on n'aura pas deviné le continuateur de Scarron, resté inconnu jusqu'à ce jour, on peut considérer cette troisième partie comme un pur roman, comme une œuvre de pure imagination, n'offrant aucun renseignement biographique.

Dans mes études sur Scarron, j'examine cette question de son continuateur laissée sans solution par M. Fournel dans son édition du *Roman comique*, et j'essaye les différents auteurs possibles de cette suite. On remarquera que, bien que l'œuvre paraisse à Lyon, l'auteur connaît bien le Maine, l'Alençonnais, la route du Mans à Alençon, etc., et l'on se prend à penser que l'impression à Lyon a uniquement pour but de dérouter la recherche du véritable auteur, qui ne devait pas être étranger à ces contrées.

Il n'est pas jusqu'à Monchaingre lui-même qui ne puisse être essayé comme auteur probable. On peut dire que, ne voulant pas laisser inachevé le récit de ses aventures et de celles de sa femme, il a poursuivi lui-même ce récit ou l'a fait poursuivre par un ami, et qu'il l'a publié à Lyon dans l'un de ses passages, chez le libraire Antoine Offray, qui imprimait abondamment alors des œuvres de théâtre. Monchaingre ou l'éditeur n'auraient pas voulu, en tête du livre, mettre un nom de comédien, ce qui explique le silence étonnant gardé sur le nom de l'auteur. On expliquerait très-bien, de la sorte, la publication à Lyon de la troisième partie du *Roman*, alliée à la connaissance du pays parcouru par la troupe comique. Seulement, quelques passages ne permettent guère de croire qu'elle ait été écrite par un comédien et surtout par Léandre qui parle avec trop de sans-façon du désir qu'il a de la mort de son père.

(2) Ce nom, écorché habituellement encore aujourd'hui dans la langue usuelle et qu'Angélique signe *Meunier*, paraît quelquefois dans le monde théâtral d'alors. En 1672, dans la *Psyché de Molière*, on voit un Mosnier

Il est regrettable de ne pas savoir quel était le nom de famille de la Caverne. Peut-être si on l'eût connu, eût-il été possible de retrouver ses parents dans quelque troupe du Midi, où ils devaient jouer au commencement du siècle, et de savoir dans quel lieu du Périgord était le château où ils avaient représenté *Roger* et *Bradamante* de Robert Garnier, le château de ce baron de Sigognac, dont Théophile Gautier a emprunté le nom pour en faire le héros de son roman du *Capitaine Fracasse*, pastiche curieux de l'œuvre de Scarron, qui révèle si bien la différence du goût littéraire des deux époques, et débute par la merveilleuse peinture de ce château de la Misère.

Pour aujourd'hui, c'est déjà quelque chose que d'avoir fait connaître le *Léandre* et l'*Angélique* du *Roman comique*, ainsi que le nom que portait la Caverne depuis son mariage. Voilà enfin pénétrée l'ombre qui n'avait laissé deviner jusqu'ici aucun nom des comédiens de la troupe mise en scène par Scarron, troupe qui mérite d'avoir son histoire écrite dans ses détails comme celle de l'*Illustre théâtre*. La troupe des Béjart et celle de Filandre, ne l'oublions pas, sont les seules bandes de comédiens de campagne dont ait parlé Tallemant, qui les met quasi sur le pied d'égalité. Maintenant que l'intérêt de la recherche est justifié, Filandre a des droits légitimes à ce que les curieux entreprennent aussi une enquête sur son compte, afin de suivre ses pérégrinations et de découvrir les acteurs qui ont figuré à ses côtés pendant sa longue carrière dramatique, et surtout lors de ses débuts, à l'époque où il jouait à Saumur en même temps que Floridor, et au Mans devant le jeune abbé Scarron.

parmi les personnes qui chantent sur le théâtre. Soleirol, *Molière et sa troupe*, p. III, à propos des portraits de la troupe de Molière, indique parmi les portraits de comédiens inconnus de l'époque, celui de Mlle Monnier. Le 16 décembre 1691, une fille de La Grange épousa à Paris François-Louis Musnier, avocat au Parlement, de la paroisse Saint-Jean-en-Grève, plus tard receveur des États de Bretagne.

Ce nom de guerre de Filandre, si commun dans les Bergeries du temps, et que M. Jal trouve assez rare dans la vie réelle, était cependant un prénom porté quelquefois alors, notamment par le père de Mme de Beauvais, la fameuse femme de chambre d'Anne d'Autriche, *Catho la Borgnesse*, comme disent les *Mazarinades*, qui en apprit plus long au jeune Louis XIV que son *Pater*. Mais c'est très-probablement au théâtre que l'avait emprunté le jeune Monchaingre. Filandre est le titre d'une des premières pièces de Rotrou, et le nom porté par le héros de cette comédie. On le retrouve en 1619 dans les *Amours de Philandre et de Marisée*, tragi-comédie de Gilbert Giboin, en 1629 dans la *Comédie des comédiens* de du Péchier, en 1631 dans l'*Uranie* de Bridard, tragi-comédie pastorale en cinq actes et en vers, comme dans les *Passions égarées*, tragi-comédie de 1632, de l'avocat Richemont Banchereau, originaire de Saumur, sans parler du *Philandre* de Maynard, et de Philandre, amant de Cloris dans la *Mélite* de Corneille (1). Nul doute que l'apprenti comédien n'ait pris son surnom dans une de ces pièces contemporaines ou voisines de ses débuts. L'écolier de La Flèche était un lettré et devait s'affubler d'un nom moins vulgaire que ceux des Beaulieu, des Bellombre, des Beauchâteau. Quant à son autre nom de Paphetin, qu'il portait au théâtre de Lyon, j'en ai parlé assez longuement pour n'y plus revenir.

Peut-être trouvera-t-on un jour quelque autographe de Monchaingre, autre que ses signatures sur les registres de Brissac ou sur le billet de Rollet. Isabelle elle-même, devenue une vieille accroupie, n'a-t-elle pas, un soir d'hiver, en lisant le *Roman comique*, annoté de quelques lignes de sa main le récit, embelli sans doute et *romancé* par Scarron, des amours qu'à l'avril de son âge, à la saison des roses de sa jeunesse,

---

(1) On trouve de même dès 1597 dans l'*Arimène* de Nicolas de Montreux et en 1633, dans la *Comédie des comédiens*, de Gougenot, le nom de Floridor qu'adopta plus tard Josias de Soulas.

elle avait noués dans un œillade, à La Flèche, avec l'écolier-gentilhomme ?

Si l'on trouvait un pareil exemplaire dans quelque grenier de la Brosse ou des environs, quelle bonne fortune sans pareille et *inespérée* (1) ! Peut-être y lirait-on le vrai nom de Destin et de Mlle de l'Étoile; car, on le voit, ces noms restent encore à découvrir. Il y a lieu aussi de s'étonner de trouver Léandre orateur ou chef de troupe dès 1638.

Quel avait donc été le sort de Destin, pour que celui qui avait été un instant son valet se trouvât, au bout de si peu de temps, placé à la tête d'une troupe, qu'il était plus naturel de supposer dirigée encore, en fait, par l'amant de Léonore (2) ?

On pourrait supposer, à cause du peu de solidité des troupes de campagne, qui se débandaient sans cesse et se renouvelaient presque en entier, que Destin avait fait bande à part; mais où trouver ailleurs un comédien qu'on puisse considérer comme son sosie ? Floridor eût pu soutenir la comparaison avec lui ; mais nous avons vu qu'il semblait difficile, à cause surtout des dires de Scarron, de les identifier l'un avec l'autre. Le peu qu'on sait, jusqu'à ce jour, de Charles Dufresne, n'autorise pas non plus à les rapprocher l'un de l'autre, jusqu'à plus ample informé. Il est peu probable d'ailleurs que Filandre et Destin, s'ils étaient restés tous deux comédiens, eussent songé à se séparer. On voit Scarron dire en parlant d'eux : « Léandre fit à Destin des protestations d'amitié si tendres, qu'il en fut aimé *dès ce temps-là* autant qu'un honnête homme peut l'être d'un autre. » Destin quitta sans doute de bonne heure la comédie, puisqu'on trouve sa

---

(1) On sait que les éditions originales du *Roman* de Scarron sont des plus rares ; je m'en suis étonné plus d'une fois, ainsi que de l'absence de l'inscription de toute clef sur les exemplaires subsistants.

(2) On peut remarquer, toutefois, après M. Fournel, *Contemporains de Molière*, t. I, p. 424, que la troupe du *Roman comique* paraît une véritable république où tous les acteurs sont égaux, et qui n'a ni maître ni directeur.— Filandre n'a peut-être dû, après tout, qu'à sa richesse exceptionnelle, d'être arrivé si vite à la qualité d'orateur de la troupe.

place d'orateur de la troupe occupée, et qu'on ne le découvre pas au milieu d'une autre bande de comédiens, où ses talents et sa bonne mine l'eussent certes mis en évidence, ainsi que Mlle de l'Etoile. Il dit quelque part à Léandre, en l'engageant à rester avec eux : « Vous n'êtes pas le seul qui ferez la comédie et qui pourriez faire quelque chose de meilleur » (1).
Une fois uni à Mlle de La Boissière, il s'est sans doute décidé à faire quelque chose de meilleur, ayant trouvé des ressources soit dans la protection de M. de Saint-Sauveur, son parrain, ou de Verville, son ami, soit dans l'héritage paternel. Il n'aurait fait ainsi que passer très-peu de temps dans la troupe comique, ce qui rend moins facile la découverte de son nom et de celui de Léonore, qui, elle aussi, était fort bonne comédienne et fort jolie (2).

Scarron dit en parlant des représentations de ses acteurs : « Mlle de l'Étoile y ravit tout le monde par sa beauté ; Angélique eut des partisans pour elle. L'une et l'autre s'acquittèrent de leur personnage à la satisfaction de tout le monde... Elles donnèrent de l'amour aux cavaliers et de l'envie aux dames. Destin et ses camarades firent aussi des merveilles, et ceux de l'assistance qui avoient souvent entendu la comédie dans Paris avouèrent que les comédiens du roi n'eussent pas mieux représenté. » On voit donc bien qu'on ne peut songer à identifier Destin et Mlle de l'Étoile qu'avec des sujets *da primo cartello*, surtout parmi les comédiens de campagne.

En dehors d'eux reste encore à découvrir l'identité du

---

(1) *Roman comique*, liv. II, ch. IV.

(2) Cela dit, toutefois, sous toutes réserves, la vérité ne pouvant être connue qu'au moyen de la découverte de noms de comédiens dans la région des bords de la Loire dans les années qui suivent 1635. On a vu par les *Mémoires* de Mademoiselle, qu'il y en avait qui représentaient devant Gaston, à Tours et à Blois, vers 1637. Le nom que portait Léonore dans la troupe, s'il n'était pas le plus vrai de tous les noms de théâtre pour une jeune et belle actrice de talent, ferait songer au *jeu de paume de l'Étoile*, de la rue Neuve-des-Fossés, Saint-Germain-des-Prés, qui devint à partir de 1687 le gîte de la Comédie française. —Le nom de La Boissière est celui d'un cousin de Scarron.

fameux la Rancune et du poëte Roquebrune, deux figures fort caractéristiques, le teint très-haut en couleur, peintes en plein relief par Scarron, et pouvant dès lors être rapprochées de vrais comédiens en chair et en os, à la différence du personnage fort effacé de l'Olive.

On remarquera qu'en Hollande la troupe comique avait dû se trouver bien disloquée, puisque Destin, Léonore et Léandre sont de fraîches recrues et que la Rancune n'est allé en ce pays qu'en même temps que Destin, pour y rejoindre « ces pauvres restes d'une troupe délabrée. » Avant 1635, avant la date probable de l'entrée de Filandre, c'est donc le nom du mari de la Caverne, Meunier, qu'on doit *à priori* considérer comme le jalon capable de mettre sur la voie de ces acteurs, tant qu'on n'aura pas découvert comment se nommaient la Rancune et Roquebrune, maître juré poëte de la troupe.

La Rancune est un vieux comédien qu'on voit se teindre le poil et qui faisait partie depuis longtemps des troupes de campagne. « Il n'étoit plus souffert dans la troupe qu'à cause qu'il avoit vieilli dans le métier. Du temps qu'on étoit réduit aux pièces de Hardy, il jouoit en fausset et sous les masques les rôles de nourrice, » tout comme le faisait Alizon, le célèbre acteur androgygne (1). Il avait été de longues années dans le métier comme Tibaut-Garray, qui joua cinquante ans, comme le firent Jodelet et Laroque, encore comédien à quatre-vingts ans.

« Depuis qu'on commença à mieux faire la comédie, il étoit le surveillant du portier, jouoit les rôles de confident, ambassadeur et recors, quand il falloit accompagner un roi, assassiner quelqu'un ou livrer bataille ; il chantoit une méchante taille aux trios et se farinoit à la farce. Sur ces beaux

---

(1) On dit qu'à Paris les hommes commencèrent à ne plus jouer ces rôles de femmes, ces rôles de *Perrine*, à partir de la représentation de la *Galerie du Palais*, de Corneille, en 1634. André Hubert, le comédien du Marais et de la troupe de Molière, les joua encore jusqu'à sa retraite en 1685.

talents-là, il avoit fondé une vanité insupportable, laquelle étoit jointe à une raillerie continuelle et une médisance qui ne s'épuisoit point (1). »

Malgré toutes ses qualités et sa longévité théâtrale, il n'est pas facile de reconnaître la Rancune parmi les acteurs de son temps (2).

C'est plutôt un type, un caractère qu'a peint Scarron au lieu d'un comédien en chair et en os, dans la personne de cet acteur misanthrope, malicieux comme un singe, voleur comme une pie, envieux comme un chien, malpropre, méchant, aimant à jouer des tours pendables, homme d'honneur en aucune façon, faisant assez bien de méchants vers, ayant de l'amour pour le bien d'autrui, *avec tout cela le meilleur homme du monde*. C'est peut-être le portrait le mieux réussi du *Roman*, et il faut avouer qu'il n'est pas flatté; mais il n'est pas plus facile pour cela d'en attribuer les traits à un des comédiens encore trop peu connus de cette époque.

Il sera moins difficile sans doute de découvrir le vrai Roquebrune, le divin Roquebrune, le poëte gascon, le nourrisson des Muses, aussi célèbre par ses hâbleries que par le grand nombre de ses œuvres. Scarron a pris soin de le rattacher à la vie réelle par plus d'un trait qui permettra de le reconnaître. C'était « un poëte ou plutôt un auteur, car toutes les boutiques d'épiciers du royaume étoient pleines de ses œuvres tant en vers qu'en prose. Ce bel esprit s'étoit donné à la troupe quasi malgré elle, et parce qu'il ne partageoit point et mangeoit quelque argent avec les comédiens, on lui donnoit les derniers rôles dont il s'acquittoit très-mal... Il menaçoit

---

(1) *Roman comique*, l. I, ch. v.
(2) A cause de cette longévité, on pourrait songer à Rufin dit Lafontaine, qu'on trouve jouant au Marais, en 1622, avec Hugues Guéru, Robert Guérin, Henry Le Grand, et qu'on revoit en Hollande en 1638. En 1649, à Lyon on revoit encore un Lafontaine avec Abraham Mitallat ; mais le Lafontaine de 1622 a le prénom d'Etienne, tandis que celui de 1649 est dit s'appeler Louis. Il s'agit alors de deux acteurs de la même famille.

les comédiens de quantité de pièces, mais il leur avoit fait grâce jusqu'à l'heure; on savoit seulement par conjecture qu'il en faisoit une intitulée *Martin Luther.* » Il se vantait d'avoir vu Corneille, d'avoir fait la débauche avec Saint-Amant et Beys, d'avoir perdu un bon ami en feu Rotrou, ce qui n'avait, après tout, rien de surprenant, Beys et le jeune Rotrou ayant été comme lui des poëtes aux gages des comédiens (1). Il aimait les Romans remplis d'aventures de grands princes, tels que l'*Astrée*. *Don Quichotte* n'était point de son goût. Il ne promettait pas moins que de faire un roman en cinq parties, chacune de dix volumes, qui effacerait les *Cassandre*, *Cléopâtre*, *Polexandre* et *Cyrus*.

Voilà pour le poëte et l'auteur. Voyons maintenant l'homme. C'était le plus incorrigible présomptueux qui fût jamais venu des bords de la Garonne, prônant sa bonne maison, sa richesse, sa poésie, sa valeur, se vantant d'avoir mis sur pied un régiment, et oubliant qu'il avait été correcteur d'imprimerie, ne parlant que de la splendeur de sa race, de ses parents évêques et grands seigneurs de son pays, de ses parchemins, de son arbre généalogique, un mâche-laurier, fou d'alliances et d'armoiries (2).

Bien que d'un âge moins vénérable que la Rancune, il devait être déjà assez avancé dans la vie, puisqu'il avait eu le temps de remplir toutes les boutiques d'épiciers du royaume de ses œuvres tant en vers qu'en prose. On sait aussi à quelle époque lointaine le malin la Rancune, en voulant rembarrer ses vanteries à propos de la prétendue sérénade de ses noces, fait remonter la vie de sa vieille femme, morte de vieillesse

---

(1) Quant à Saint-Amant, Vion Dalibray, un bon *biberon* comme Faret, dit aussi :

« Et j'ay fait la débauche avec Saint-Amant. »

Voir l'édition de Saint-Amant, donnée par M. Livet, dans la Bibliothèque Elzévirienne, t. I, p. 20.

(2) *Roman comique*, liv. I, ch. VIII, XVI, XIX et XXI.

six mois après leur mariage. Il en fait, et Dieu sait comme, la contemporaine d'Henri IV et de la reine Marguerite (1).

Quel était ce poëte gascon attaché à une troupe d'acteurs, ainsi que le furent Hardy, Beys, Rotrou, Tristan sieur de Vauzelle, l'auteur du *Phaéton*, Ragueneau, le pâtissier poëte, etc., qui eux aussi suivirent les comédiens dans leurs courses errantes, battirent l'estrade avec eux et à leurs gages?

Est-ce Nicolas-Marie Desfontaines, tour à tour attaché à la troupe de Dufresne et à celle de l'*Illustre théâtre* qui connut certes Beys, mais ne semble pas d'origine méridionale, bien qu'ayant une vanité toute gasconne?

Le grand nombre et les titres ambitieux de ses pièces de théâtre (treize dont la plupart sont des tragi-comédies), la date de ses vers qu'on rencontre dès 1632 en tête des *Passions égarées* du poëte saumurois Richemont Banchereau, à côté des vers de Racan, de Mairet et de Gombauld, le nombre aussi et la bizarrerie de ses romans parus à partir de 1637, les *Illustres infortunes de Cliante et de Marilinde veuves pucelles*, l'*Inceste innocent*, l'*Illustre Amalazonthe*, tout, quant à l'apparence littéraire, semble bien en lui se rapporter à Roquebrune. Mais je ne connais pas assez l'homme pour serrer de plus près sa ressemblance avec le poëte de la troupe du *Roman comique*, bien qu'elle paraisse assez probable.

Est-ce Jean-Baptiste Tristan, sieur de Vauzelle, frère de François Tristan l'Hermite, l'auteur de la *Marianne* et du *Page disgracié*, l'ami de Scarron? Ce qui fait simplement pencher la balance de son côté, c'est que l'auteur de *Phaéton* (1639), le comédien de la troupe de Molière, avait d'énormes

(1) « Elle mourut pourtant du mal de mère, dit le poëte. — Dites plutôt de grand'mère, d'aïeule ou de bisaïeule, » répondit la Rancune. Dès le règne de Henry quatrième, la mère ne lui faisoit plus de mal, ajouta-t-il, et pour vous montrer que j'en sais plus de nouvelles que vous-même, je vais vous apprendre une chose d'elle : Dans la cour de la reine Marguerite... » (*Roman comique*, I, XXI.) — Le nom de cette reine fait songer au poëte périgourdin Marc de Maillet, si gueux et si fanfaron, mais qui ne devait pas se vanter de ses relations avec Saint-Amant..

prétentions généalogiques, se vantait de descendre des anciens comtes de Clermont et d'Auvergne, sans parler du prévôt de Louis XI, et écrivit une masse d'ouvrages héraldiques où toutes les généalogies ne brillent pas par leur authenticité (1).

Ce ne doit pas être Magnon, l'ami de Molière et le fournisseur de la troupe des Béjart, bien que son théâtre et le poëme encyclopédique dont il préparait la publication, lorsqu'il mourut assassiné en 1662, poëme de la *Science universelle*, qui ne devait pas renfermer moins de deux cent mille vers héroïques, rentrassent assez, sans parler de sa vanité, dans les spécialités de Roquebrune.

Est-ce le Gascon Guérin de Bouscal, dont le conseil et l'exemple firent aussi de Coras, l'auteur du *Jonas*, un comédien, mais qui, à la différence du poëte de la troupe comique, paraît avoir aimé le *Don Quichotte* de Cervantès ? Est-ce Rayssiguier ou quelqu'un de ses pareils d'une date plus ancienne, quelqu'un des poëtes cités par Gaillard, le laquais poëte, dans sa *furieuse Monomachie ?* Plutôt que de m'attarder trop longtemps, je laisse l'énigme à deviner à ceux qui, familiers de vieille date avec les si nombreux *poetæ minores* du temps de Louis XIII, pourront échafauder leurs présomptions plus à coup sûr, et nommer par là même plus aisément le vrai sosie de Roquebrune, me proposant au reste d'y revenir moi-même à loisir, dans mon livre sur Scarron et son *Roman*.

(1) Scarron, cependant, n'aurait-il pas craint de blesser un ami en plaisantant ainsi le frère de Tristan l'Hermite ? De Vauzelle ainsi que sa femme, d'ailleurs, paraissent trop jeunes pour être identifiés avec Roquebrune. Je dirai la même chose pour Magnon, qui ne se maria qu'après 1657 à la jeune Marianne Poulain. Voir *Archives de la Bastille*, t. VII, 1875, p. 188. Ce curieux recueil de M. Ravaisson renferme quelques renseignements sur les comédiens ; voir t. VI, p. 39, 51 et 170, sur Mlle du Parc et Racine ; t. V, p. 446 et t. VI, p. 256, sur Mlle Dupin ; t. VII, p. 59-71, sur Brécourt, réfugié en Hollande après le meurtre d'un cocher, et qui s'était retiré à La Haye pour y jouer dans la troupe du prince d'Orange, dit une lettre de décembre 1681, qui montre que cette troupe existait encore alors.

On voit qu'il reste encore des recherches et des découvertes à faire pour compléter l'histoire de la troupe du *Roman comique*. Grâce à elles, on pourra, j'en suis persuadé, connaître plus en détail les courses de Filandre à travers la France et la Hollande, savoir comment se composait sa bande avant 1650, et quels étaient les comédiens qui parcouraient avec lui la province au temps où Scarron habitait Le Mans.

Ce n'est pas du jour où un premier explorateur aborde une terre inconnue qu'elle est pour cela découverte tout entière ; ce n'est que lorsque de nouveaux pionniers ont pénétré plus avant dans ses diverses régions qu'on la connaît désormais à fond. Pour me servir d'une expression vulgaire, j'ai attaché le grelot, j'ai mis les esprits en éveil. J'ai signalé Monchaingre à l'attention des curieux; j'espère, grâce à l'appoint de leurs recherches, grâce aux communications que je serais heureux de recevoir de la part de ceux qu'intéresse l'histoire du théâtre au temps de Molière, pouvoir donner sur la troupe du *Roman comique* des documents aussi complets et aussi précis que ceux que l'on a réunis sur celle de l'*Illustre théâtre*.

Je serais heureux d'être en mesure de le faire avant la publication prochaine de mes études sur Scarron et sur son *Roman*, et de pouvoir dénouer de la sorte les cordons des masques de Destin, de Mlle de l'Étoile et de Roquebrune, en même temps que ceux de Ragotin, de Mme Bouvillon et de M. de la Rappinière.

Marolles-les-Braux, mars 1876.

APPENDICE

I.

LE VOYAGE DE GUIBRAY ET L'HISTOIRE DE FILANDRE.

Il est impossible de quitter Filandre sans dire un mot d'une plaquette petit in-12, parue en 1704 sans aucune indication de lieu (204 pages et 4 ff. prélim.), sous le titre de *Voyage de Guibray ou les Aventures des princes de B*** et de C****, *pièce comique, avec l'histoire du fameux Barry, de Filandre et d'Alizon* (1).

Chose curieuse, cette *histoire comique* est comme un reflet lointain, un écho des aventures théâtrales de Filandre. Après avoir figuré au nombre des personnages d'un roman de théâtre dans sa jeunesse, le vieux comédien a encore été, après sa mort, l'objet d'une exhumation posthume et s'est vu encadré dans un autre roman, dont le plus grand mérite est la rareté, et qui n'approche ni du naturel, ni de l'originalité de l'œuvre de Scarron, dont il s'est, du reste, évidemment inspiré.

Non pas que je veuille dire que les aventures du *Voyage de Guibray* soient vraies ; je les crois, au contraire, en grande partie fort romanesques.

Ce qui fait le principal objet du récit, ce sont les aventures galantes des deux jeunes princes de B*** et de C*** (2). Ces deux jeunes grands seigneurs, voyageant incognito, se prennent d'amour pour deux comédiennes, jeunes, jolies et vertueuses, qui se trouvent être des jeunes filles de grande maison enlevées dans leur enfance par des comédiens. La reconnaissance de

---

(1) M. Édouard Frère, dans son *Manuel du Bibliographe normand*, indique aussi une édition de 1746, in-16.

(2) L'auteur dit que ces deux aimables cousins, qui font les délices de la cour, s'ils ne sont pas du sang de nos rois, sont de la plus illustre famille qui fut jamais.

leur rang se fait juste à point pour amener le dénouement, et tout finit, comme au théâtre, par le mariage. Les deux jeunes princes épousent Lisette et Marianne, transformées en Mlles de Temicour et d'Odonel. Voilà le thème du livre : le reste ne se compose guère que des variations et des fioritures.

Les deux actrices font partie de la troupe d'un comédien du nom de Filandre. Est-ce Filandre-Monchaingre ? Est-ce un homonyme que l'auteur a eu en vue ?

Il a eu soin lui-même de distinguer plusieurs Filandre. Il fait dire par Alizon, qui raconte l'histoire du vieil acteur : « Comme c'est de ce Filandre que j'ai beaucoup de choses à vous dire, ne le confondez pas, s'il vous plait, avec plusieurs autres fameux comédiens qui ont porté le même nom. »

La plupart des traits de la vie de Filandre ne se rapportent guère à ceux de l'acteur en chair et en os dont nous avons fait connaître la longue carrière ; cependant il en est qui semblent empruntés à la vie réelle de Monchaingre.

C'est ainsi que, comme son homonyme, il est dit lui-même comédien de M. le Prince. « Quand M. le Chevalier saura que nous avons l'honneur d'appartenir à *M. le Prince*, il ne se pressera peut-être pas de venir nous insulter, » dit dans l'hôtellerie de Magny la vieille comédienne Alizon. Ceci a tout l'air de se rapporter au prince de Condé. Il est vrai qu'Alizon elle-même dit ailleurs : « Filandre eut le bonheur de plaire à M. le prince de L***., qui voulut bien lui accorder la grâce de souffrir qu'il fist prendre à sa troupe la qualité de comédiens de Son Altesse, et ce fut sous de si glorieux auspices que nous fûmes courir toute l'Europe. » Voilà qui semble avoir trait au prince de Liége (1).

Ce n'est pas d'ailleurs le seul endroit où il y ait des contradictions dans le récit. Le caractère et le portrait de Filandre en sont pleins ; on peut dire de lui que c'est un personnage qui ne se tient pas.

---

(1) Voir le *Voyage à Guibray*, p. 44 et 172.

L'auteur le présente d'abord comme le comédien le plus honnête et le plus complaisant qui fut jamais, parlant avec toute l'honnêteté et la douceur possibles, le plus riche des comédiens de campagne de son temps, sachant raisonner des choses du théâtre et des lettres, répondant avec beaucoup de sens au pédant M. Foulin, « que pour juger sainement d'une pièce, il falloit avoir de meilleure étude que celle des livres et que cette étude étoit celle du monde et de la vie civile et polie qui rafine le goût et rectifie l'esprit ; » comparant ce pédant à ces bibliothèques bouleversées où les bons et mauvais livres se trouvent confondus (1). Il fait aussi de lui un bon père de famille, accablé de douleur lors de l'enlèvement des deux comédiennes qu'on croit ses filles et qui étaient deux modèles de vertu, de pudeur, de modestie, ce qui indique qu'il leur avait donné une excellente éducation, conformément à son désir de les établir sur un bon pied dans le monde : « Jamais vertu ne fut plus rigide que celle des deux comédiennes ; mais à dire vray je crois que la raison d'une retenue, qui alloit à l'exès jusques à refuser à leurs amans certaines petites faveurs que la bienséance ne défend pas d'accorder aux plus indifférents, venoit de la crainte qu'elles avoient que Filandre, qui étoit le plus riche comédien de campagne qui ait jamais esté, ne voudroit point consentir de donner ses filles à des inconnus et qui faisoient une profession si vile et si abjecte, lui qui n'avoit pas voulu écouter les propositions du fils du Baron et du jeune Rosimond, deux des plus célèbres comédiens de l'hôtel (2). »

---

(1) *Voyage*, pp. 31-37, 53, 55, etc.
(2) *Voyage*, p. 80. On connaît le fils du fameux Baron, Étienne Michel, qui, à dix-neuf ans et demi, épousa, le 2 mars 1696, à Paris, la fille du sauteur et directeur de spectacles de la foire, Maurice Von der Beck, sans doute plus riche que lui. Je n'ai, au contraire, jamais entendu parler du fils de l'acteur Claude la Rose, sieur de Rosimond, ancien comédien de campagne entré au théâtre du Marais en 1670 et resté ensuite à la Comédie française jusqu'à sa mort en 1686, comédien, poëte et bibliophile et, qui plus est, auteur d'une *Vie des Saints*, sous le nom de J.-B. du Mesnil.

On voit que ce coin de portrait est peint en beau et en pleine lumière ; Monchaingre n'en désavouerait pas les traits. Le reste du croquis, au contraire, est tout en noir, et l'on a peine à comprendre qu'il se rapporte au même personnage. Filandre est bien toujours un bon comédien, ayant eu, tout jeune qu'il était (dès dix-sept ou dix-huit ans), de si beaux talents pour le théâtre, qu'il était aisé de voir qu'il serait un jour un des premiers acteurs du monde ; bien fait, passionnément amoureux ; mais c'est un homme « n'ayant jamais été fort scrupuleux ; » assemblage de bien des vices, amant incestueux de sa sœur, voleur d'enfants, n'ayant maintenu de bons acteurs et de belles actrices dans sa troupe qu'à l'aide du rapt de jeunes enfants de qualité, « tristes victimes de sa vanité et de son ambition », ravis par lui à leurs parents, avec la complicité du fameux capitaine d'Egyptiens la Grappe et l'aide de *la Chouette* (!), soi-disant petite Égyptienne noire (1). »

On voit tout de suite que nous sommes en plein monde romanesque ; et cependant c'est à cette partie du portrait que sont accolées les données biographiques les plus précises, qui ont pour but de rattacher Filandre aux personnes de son temps.

Filandre nous est présenté comme un des nombreux fils naturels du fameux opérateur Barry ; dont il ne fait dès lors qu'imiter l'existence voluptueuse. Le célèbre Mondor, ami de

(1) *Voyage*, pp. 172 à 179. Qui croirait que ce nom du fameux capitaine d'Égyptiens *La Grappe* rattache lui-même, d'une certaine façon, le Filandre du *Voyage à Guibray* à Filandre-Monchaingre ? On se rappelle que ce dernier fut concierge du château de Brissac. Eh bien, dans ce château où les Cossé étalaient un faste quasi royal, il y avait aux gages du duc, jusqu'au milieu du XVIIe siècle, une compagnie de gardes étrangers de Bohêmes ou Égyptiens. Le capitaine, *Bohemorum conductor*, était noble *Charles de la Grave*, Bohême comme ses soldats. Assassiné vers la fin du premier tiers du siècle, il avait pour successeur, quinze ans plus tard, Jean Charles, écuyer (V. *Dictionnaire de Maine-et-Loire*, V° *Brissac*). Ne retrouve-t-on pas dans le *Voyage à Guibray* un souvenir du capitaine des Égyptiens de Brissac ?

son père, l'a fait chef de sa troupe qu'il lui a cédée. Depuis il a couru toute l'Europe, comme chef des comédiens du prince de L***, et il vient finir son aventureuse carrière à Caen, se repentant de ses fautes, implorant la bonté de Dieu sur les déréglements de sa vie (1).

Il y aurait bien des réserves à faire quant à la vraisemblance des faits racontés par Alizon, dans son récit de la vie de Barry et de Filandre (2); mais s'appesantir longtemps sur ce point, ce serait avoir l'air de prendre ce récit trop au sérieux. Je ne puis cependant m'empêcher d'indiquer que la chronologie est fort peu respectée dans cette double biographie. Le récit d'Alizon a trait à plusieurs générations d'acteurs : Il comprend la vie de Barry, vie « de quatre-vingts ans de travaux et de plaisirs », la vie de Filandre, son soi-disant fils, qui lui-même figure comme père de deux actrices de sa troupe, Lisette et Marianne, âgées d'environ dix-huit ans. Mondor nous est présenté comme le contemporain et l'ami de Barry ; il a eu pour élève Filandre, et lui a cédé sa troupe. Eh bien ! nous n'en voyons pas moins Filandre à la veille de sa mort écrire à Mondor pour lui demander des acteurs. Cette longévité de Mondor, n'est-elle pas des plus surprenantes ? Il est possible qu'il y ait eu plusieurs opérateurs de ce nom (comme les Orviétan), et qu'on ait exploité la réputation qu'avait laissée le frère du fameux Tabarin. J'avoue cependant ne pas avoir rencontré la trace de successeurs homonymes de ce fameux opérateur du Pont-Neuf, Philippe Girard, si célèbre dans le premier tiers du xviie siècle, et qui dut mourir peu de temps après 1640.

(1) *Voyage*, p. 130.
(2) C'est Alizon, sœur, maîtresse de Filandre et complice de « ses forfaits », qui est censée raconter tous ces événements après la mort « de l'infortuné Filandre. » Elle était préalablement tombée en faiblesse, mais un peu d'excellente fenouillette lui avait remis le cœur. (Voir *Voyage*, p. 134.) — A propos de ce nom d'Alizon, on sait que ce fut au théâtre celui d'un acteur qui jouait les vieilles galantes et ridicules et à qui, ans doute, l'auteur de la comédie d'*Alizon*, imprimée en 1637, emprunta son nom populaire. Alizon, servante de Boniface, figure aussi dans les *Boutades du capitan Matamore* de Scarron.

Quant à Barry, on a encore moins de renseignements sur son compte que sur Mondor : il paraît être d'une époque un peu plus récente. Ce qui contribue le plus à sa notoriété, c'est qu'on a avancé que Molière avait profité de ses leçons. Dans *Elomire hypocondre*, Le Laboureur de Chalussay fait dire par Angélique (Madeleine Béjart) que Molière a rempli un rôle

« Chez des Originaux, l'Orviétan et Barry,
Dont le fou se croyoit déjà le favory. »

A quoi Elomire (Molière) répond :

« Pour l'Orviétan, d'accord, mais pour Barry, je nie. »

Molière, après tout, avait pu rencontrer Barry dans ses courses à travers le Midi, ne fût-ce même qu'à Lyon où M. Soulié a trouvé la trace de l'opérateur Gilles Barry, demandant, le 6 juillet 1655, l'autorisation de vendre ses drogues et de monter son théâtre sur la place des Jacobins et des Cordeliers.

Ce prénom suffit à prouver que M. Jal s'est trompé dans la biographie qu'il lui a construite de toutes pièces, et s'est mépris en le confondant avec un joueur d'instruments de Paris, Antoine Barry. Cette date de 1655 est la seule précise que je connaisse des voyages du fameux opérateur en France. Le récit d'Alizon le fait trouver à Rome en 1644, date à laquelle une médaille aurait été frappée en son honneur, avec ces mots : *Innocentius decimus Barrido urbis sanatori. Anno salutis* 1644 (1).

(1) Voir dans le *Voyage*, l'histoire de Barry, pp. 141-167; elle a été en partie reproduite par les frères Parfait dans leur *Histoire du Théâtre français*, t. XIV, p. 268 et suiv. Alizon après avoir longuement raconté ses hauts faits à Rouen, lors des ravages « du pourpre » en cette ville (sans doute vers 1630), le fait mourir dans la misère à Amiens, « le corps ruiné par quatre-vingts ans de travaux et de plaisirs. » M. Ed. Fournier, *Histoire du Pont neuf*, s'est certes trompé en disant de Barry qu'il brillait

Quant à la vie romanesque de Filandre, les dates y brillent elles-mêmes par leur absence, encore plus que dans celle de sa sœur « la vieille comédienne » Alizon qui, d'après son récit, paraîtrait née vers 1644. On dit seulement qu'il passa en Angleterre avec sa troupe avant la Révolution, et qu'il revint en France après le soulèvement du prince d'Orange contre le roi, qui eut lieu, comme on sait, en 1688. Ce fut à son retour qu'il enleva, à Boulogne, la jeune Marianne, âgée alors de quatre à cinq ans. Dans le roman, elle en a de dix-huit à vingt à l'époque de la mort de Filandre, qui ne peut se placer ainsi qu'assez peu de temps avant la composition du roman lui-même.

Ce simple aperçu chronologique suffit pour montrer que le romancier en a pris tout à son aise avec la réalité, et ne s'est pas astreint même à la vraisemblance. Ne prenons donc son livre que par le seul côté qui soit réellement intéressant pour nous aujourd'hui, l'esquisse de la vie des comédiens de campagne à la fin du XVIIe siècle. L'auteur avait lu Scarron, et a mis en scène des personnages qui ne sont guère autre chose que des doublures de ceux du *Roman comique*. C'est ainsi que le chevalier de Poligny, « un jeune sot, et un vrai payen, » y rappelle *Saldagne*, et que le pédant M. Fabulin, un petit homme qui se frotte aux gens de lettres et de théâtre, a été inspiré par Ragotin (1). C'est ainsi que l'enlèvement des deux comédiennes par le chevalier de Poligny, et les aventures de

surtout, vers 1702, sur son théâtre élevé à Paris, vers la rue Guénégaud sur le quai, tout près de la boutique de l'apothicaire Blégny. Dans sa comédie de *l'opérateur Barry*, de 1702 (cause de cette erreur), Dancourt lui fait même dire au milieu de hâbleries du même genre : « Il y a quatre-vingt-treize ans que je faisois un bruit de diable à Paris, n'y a-t-il personne ici qui se souvienne de m'y avoir vu ? » *Œuvres de Dancourt*, t. VI, p. 70, Ribou, 1711.

(1) M. Fabulin est « un petit homme des plus petits qui se fassent, en habit noir et en grand rabat, » faisant des révérences à droite et à gauche, enfilant un compliment étudié exprès, se disant « homme de conséquence, se piquant de science et aimant tous ceux qui pouvoient avoir du rapport aux gens de lettres. » V. ledit *Voyage*, p. 35.

l'hôtellerie de Magny sont elles-mêmes renouvelées de Scarron.

Ce qui est plus original et peut se lire après le roman de Scarron lui-même, c'est la peinture des comédiens et de leur attirail comique. Qu'on en juge par ce portrait du comédien Floridor, acteur de la troupe de Filandre. C'est dire que ce n'est pas le fameux comédien de l'Hôtel, mais seulement un homonyme, qui est « fils d'un très-pauvre gentilhomme de Bourgogne » (nous avons trouvé un acteur de ce nom dans la troupe du prince de Condé, à Dijon, en 1689). Les deux jeunes seigneurs déguisés et se disant joueurs de gibecière, le rencontrent sur la route de Magny :

« Nous étions à deux lieues de Magny, quand nous vîmes marcher devant, un homme mis et monté d'une manière très-grotesque. La curiosité de voir de plus près un homme d'une figure hétéroclite, nous fist doubler le pas. Son visage étoit de ceux qu'on ne porte plus, et je doute si jamais il a esté à la mode ; son habillement sembloit avoir esté fait pour rire, son chapeau à cul pointu étoit de l'ancienne forme, orné d'un bouquet de plumes encore plus antique. Un grand rabat à poinct de Hongrie, du temps de Dagobert, descendoit sur son estomac, jusqu'aux lambeaux d'une vieille écharpe noire, qui ceignoit un justaucorps qui autrefois avoit esté de couleur d'écarlate.

« La figure du cheval revenoit à celle du cavalier, rien n'étoit mieux assorti ; c'étoit un ayeul de Bayard, si vieil, si maigre, si décharné, qu'on voyoit le mouvement de ses os et de ses muscles au travers de sa peau. Et sans doute que ce fut un pareil qui donna l'idée au savant Descartes de croire que les animaux n'étoient que des machines. Celui-ci étoit tout au moins très-propre à faire la preuve du système. Le cavalier se parloit en marchant et accompagnoit les discours qu'il se faisoit de tant de gestes et de mouvements, que cela augmenta le désir de savoir qui étoit cet étrange personnage.

« Voyons, dit M. de B..., si ce ne seroit jamais l'apparition de

« quelqu'un des chevaliers errans de l'Amadis de Gaule, ou
« du Chevalier du Soleil, » et s'en étant approchés, ils entendirent qu'il déclamoit ces vers de M. Pavillon :

« Que notre sort est rigoureux, etc. »

« Nos Messieurs jugèrent à ces vers que c'étoit quelque poëte à cervelle démontée ; mais l'ayant abordé, ils sçurent qu'ils se trompoient et que c'étoit un comédien de campagne qui, marchant après sa troupe qui alloit aux foires de Guibray, repassoit un de ses rôles, comme il nous le dit ingénument (1). »

Floridor, qui paraissait avoir du savoir et de la lecture, veut attirer ses compagnons de route dans le parti de la comédie. Il « leur expose, d'un côté, la joye et les plaisirs qui suivent ordinairement la vie des comédiens de campagne, et d'un autre, les gros profits qu'on y peut faire, et que tout nouvellement y avoient fait Deschamps, Guérin, le Baron, Rozimond et la Champmeslé (2). »

(1) *Voyage*, p. 7. Le comédien Floridor rappelle Ragotin déclamant les vers de Théophile, et pris par les paysans pour un prédicateur de grand chemin.

(2) Sans cette curieuse mention du *Voyage à Guibray*, aurait-on pris ces noms pour ceux de comédiens de campagne ? Passe encore pour Deschamps, Guérin et Rosimond qui furent en effet acteurs en province avant de jouer sur les théâtres de Paris ; mais que penser de Baron et de la Champmeslé ?
Ces dires contribuent à établir que les comédiens de l'hôtel de Bourgogne ou de la Comédie française, comme naguère ceux du Marais, couraient eux-mêmes la campagne *pour faire de l'argent* ; ils prouvent que les caravanes des acteurs du Théâtre-Français à travers la province ne datent pas d'aujourd'hui. — La Rachel du temps de Louis XIV, la Champmeslé elle-même, comme les autres comédiens du roi, faisait des tournées en province. Les registres municipaux de Dijon de 1676 nous montrent les comédiens du roi présentant à MM. de la Chambre une requête signée Champmeslé, afin d'obtenir l'autorisation de jouer dans la capitale de la Bourgogne, autorisation qui cependant ne leur fut pas accordée à cause de l'état actuel des affaires et du mauvais temps « qui font que l'on a plus besoin de prières que de divertissemens. »
Quant à Guérin, l'époux de la veuve de Molière, j'ai dit longuement

Il prend contre eux la défense de la comédie, en leur disant : « Notre théâtre est si modeste et réformé que la vertu la plus délicate n'y court aucun péril. Nos actrices ne sont pas mieux faites ny plus dangereuses que les dames des Thuilleries. » On croit entendre le commentaire des dires bienveillants de Chappuzeau (1).

Bientôt viennent les aventures de grand chemin à l'exemple de la suite du *Roman* de Scarron. Les voyageurs aperçoivent un cheval renversé, des dames tombées et plusieurs personnes arrêtées dans le chemin. C'était la troupe comique. Un mauvais cheval de louage, que l'on avait chargé de deux comédiennes, était tombé sous la charge dans la plus mauvaise boue qu'il eût pu choisir sur tout le chemin. Les deux jeunes seigneurs prennent les deux demoiselles en croupe, charmés

---

qu'il avait couru les provinces avant d'entrer au Marais ; fils de comédien, il avait passé avec ses parents par la troupe de Filandre et par celle du duc de Savoie. On a vu que Deschamps avait aussi fait partie de la troupe du duc de Savoie, fort suivie dans nos provinces du Sud-Est, et de la troupe des Raisin, avait été à la tête d'un établissement théâtral à Rouen, avant de venir à la Comédie française en 1679 avec les Raisin, et que plus tard, en 1686-87, il vint jouer à Dijon avec les comédiens du roi. Rosimond avait aussi joué en province. En 1668, il représentait et faisait imprimer à Grenoble son *Duel fantasque*. Le programme sur deux feuillets in-4º du *Don Juan* ou l'*Athée foudroyé*, pièce à machines, que M. Eudore Soulié a trouvé en cette ville (programme plus ancien que l'affiche du spectacle forain de 1681 du grand Scot romain qu'a reproduit M. Bonassies), se rapporte sans doute au *Don Juan* de Rosimond. — Avant ces acteurs, on doit citer parmi les riches comédiens de campagne, Floridor et Béjart l'aîné qui mourut le 21 mai 1659, laissant « 24,000 écus *en or*, » aux dires de Guy Patin.

(1) Voir *Voyage*, pp. 8, 17, 20, 21. On peut rapprocher de cet éloge de la vie de théâtre celui que, dans l'*Illusion comique* de Corneille, en fait déjà le magicien Alcandre, à propos de Clindor mêlé aux aventures d'une troupe de comédiens errants, et ce qu'on lit dans la *Comédie de la Comédie* (1661) de Dorimon, dont le théâtre ne brille cependant pas par la décence :

« Le théâtre n'a rien que d'honnête et de beau.
Chaque jour il produit un prodige nouveau.
Les Vestales pourraient avec bienséance
Ouïr la comédie, elle n'est qu'innocence. »

de la beauté du corps et de l'esprit de ces deux comédiennes, et plus encore de leur modestie et de leur vertu.

Bientôt a lieu le souper à l'hôtellerie de Magny avec Filandre, chef des comédiens, la vieille comédienne Alizon, le comédien La Tremblaye, très-occupé de son repas et de se remplir la bedaine. Toute cette troupe « si illustre », valets, moucheurs de chandelles, afficheurs, s'assied à la même table. « Les comédiens usaient de cette liberté en marche. » Alors commencent les éternelles aventures d'hôtellerie, comme dans le *Roman*. Les comédiens ont à peu près les mêmes allures que dans le livre de Scarron. Ils semblent cependant moins s'aimer les uns les autres que ceux de la troupe de Destin : « Il n'y a guère entre eux de véritable amitié, étant comme les ouvrages de rapport, composés de différentes pièces qui n'ont ni union ni liaison (1). »

Ce qui est plus curieux, c'est la mention d'une sorte d'agence générale de recrutement des comédiens de campagne fonctionnant à Paris : « Mondor est un fameux doyen de comédiens de campagne, établi à Paris, avec lequel toutes les troupes de France, dispersées par toute l'Europe, ont leurs correspondances pour les choses dont elles peuvent avoir besoin. Ce chef est regardé parmi eux comme général d'ordre. Il entretient une espèce de séminaire aux frais des comédiens de province (2). » On voit Filandre lui écrire pour se procurer deux actrices, destinées à remplacer celles qu'il a perdues. Ce Mondor, dans l'histoire de Barry, qui est chronologiquement le premier chapitre du livre, nous est montré venant passer l'hiver à Rouen « avec les débris de sa troupe, dont on avoit enlevé presque tout ce qu'il y avoit de bon pour l'hostel de Bourgogne. » Barry et Mondor avaient de l'amitié l'un pour l'autre, et se prêtaient leurs acteurs ; Barry, bien que simple opérateur, avait alors « les plus belles femmes de l'Europe

---

(1) *Voyage*, p. 53.
(2) *Ibid.*, p. 57.

et le plus magnifique théâtre qui fut jamais, soit pour les acteurs, soit pour les riches décorations qu'il avoit apportées de Venise. » A cette époque « les comédiens et les opérateurs vivoient au reste amis, et se voyoient très-familièrement comme gens qui avoient une grande relation. » Le *Roman comique* nous a montré lui-même cette étroite camaraderie (1). Elle n'existait plus, paraît-il, en 1704, au point que les acteurs considéraient comme un déshonneur d'avoir commerce avec leurs anciens amis, avec lesquels ils ne vivaient plus sur le pied d'égalité. Était-ce bien uniquement parce que le théâtre des opérateurs ne s'était pas purgé de ce qu'il avait d'impur et d'immodeste, comme le dit l'auteur du *Voyage à Guibray* (2)?

Avant de prendre sa retraite à Paris, Mondor avait cédé sa troupe à Filandre, qui avait perfectionné ses beaux talents pour le théâtre, et c'était avec elle qu' « idolâtre de son art et mettant toute sa gloire à avoir de bons acteurs et de bonnes actrices, » il avait parcouru toute l'Europe, menant une joyeuse vie ainsi qu'Alizon, « suivant les pernicieux abus qui régnoient alors parmi la plupart des comédiens de campagne, »

(1) On la trouve encore dans les relations, à Lyon, de l'opérateur J. de Gorla, père de la du Parc (1644 à 1650) avec les comédiens de Son Altesse le duc d'Orléans. M. Edouard Fournier a profité de cette camaraderie pour présumer que l'opérateur du Pont Neuf, Cormier, était le même que le Cormier dont la troupe se trouva en concurrence avec celle de Molière au château de La Grange, à la fin de 1653, chez le prince de Conti. Sonnet de Courval, dans sa *Satyre contre les Charlatans* et *Pseudomédecins empyriques* (1610), nous montre déjà, « il y a sept ou huit ans, » dit-il, un charlatan florentin, *il signore Hyeronimo*, qui avait fait ériger son théâtre en la cour du palais à Paris, ayant « quatre excellens joueurs de violon qui avoient séance aux coings de son théâtre, lesquels faisoient merveille, assistés d'un insigne bouffon, ou plaisant de l'hôtel de Bourgogne, nommé Galinette la Gallina qui, de sa part, faisoit mille singeries, tours de souplesse et bouffonneries pour attirer et amuser le peuple. » J'espère quelque jour publier une notice sur les théâtres d'opérateurs en province.

(2) On voit encore à Magny le public confondre les comédiens avec les opérateurs.

ce qui nous éloigne beaucoup des portraits de sainteté que Floridor fait des comédiens au commencement du roman, à l'exemple de Chappuzeau.

Il est temps de s'arrêter ; autrement il faudrait citer tout le livre. Si j'en ai parlé si longuement, c'est qu'il est resté presque ignoré et que ni les historiens du théâtre, ni M. Fournel dans sa revue des divers romans comiques, ni M. Deschanel dans *la Vie des Comédiens*, ne s'en sont, à vrai dire, occupés, pas plus au reste que les bibliographes Quérard, Brunet et Barbier (1). L'auteur lui-même est resté inconnu. En dédiant à M. de Marguerit, conseiller au Parlement de Normandie, seigneur de Guibray (2), « le divertissement de quelques aventures galantes arrivées dans un voyage fait en un lieu *qui a l'avantage de lui appartenir,* » il signe seulement son très-obéissant serviteur D***. Quant à la relation de ces aventures, elle est soi-disant adressée, par un de ceux qui accompagnèrent les jeunes princes dans leur voyage et qu'on appelle *Castillan*, à une dame de la cour dont les manières sont, dit-on, différentes de celles des provinciales.

Il n'y a là presque aucun trait de lumière révélateur, ni quant au romancier, ni quant au roman.

Cependant il n'est peut-être pas impossible de deviner le nom de l'auteur et ce qui a servi de prétexte ou de thème à son œuvre.

Le *Voyage à Guibray* est signé D***. Cette signature est celle qu'emploie assez fréquemment un auteur fécond de

---

(1) Il aurait fort risqué de demeurer inconnu si les frères Parfait n'en avaient fait un long extrait ayant trait seulement à la vie de Barry (*Histoire du Théâtre françois*, t. XIV, p. 268 et suiv.), à propos de la comédie de Dancourt, *l'Opérateur Barry*, représentée devant la duchesse de Bourgogne au commencement de 1700, et devant le public, en octobre 1702. Paris, veuve Ribou, 1702, in-12.

(2) François-Joseph de Marguerit, sieur de Guibray, était conseiller au Parlement de Normandie depuis 1700. Il avait succédé à François de Marguerit, conseiller en 1654. Il devint ensuite président en la chambre des comptes. Voir sur cette famille et ses armes le *Catalogue et armorial du Parlement de Rouen*, de M. Merval, 1867, in-4°, pp. 48, 58, 81, 101, 150.

l'époque, Eustache Lenoble, ainsi qu'on peut le voir dans Barbier. Là ne s'arrêtent pas les probabilités en sa faveur. Eustache Lenoble est encore l'auteur des *Aventures provinciales ou le Voyage à Falaise, nouvelle divertissante*, dédiée à M. de la Bourimière, gentilhomme et poëte normand, et dont il y eut trois éditions de 1697 à 1710 (1). C'est un sujet analogue, tout au moins quant au théâtre de l'action. On pourrait aussi y découvrir un air de famille par le style (2). Lenoble a écrit du reste un grand nombre d'autres « aventures provinciales et galantes, de rencontres amoureuses, de promenades, de fausses comtesses, » etc., toutes pièces plaisantes et comiques où le goût et la délicatesse pourraient se trouver plus abondamment. Il connaissait le théâtre, même celui de la foire Saint-Germain ; il avait travaillé pour la comédie italienne et fait un opéra avec Philidor. Le *Voyage à Guibray* ne se trouve pas dans la collection de ses œuvres (Paris, P. Ribou, 1718, 19 vol. in-12) ; mais, comme l'a dit Quérard dans sa *France littéraire*, elle est loin de contenir tous ses ouvrages. On n'y voit pas figurer entre autres, l'*Entretien de Scarron et de Molière* (P. Marteau, 1690, in-12) qu'on lui attribue, ainsi que je l'ai dit plus haut (3) et qui prouve qu'il était familier avec les productions de l'auteur du *Roman comique*.

Voilà pour l'auteur. Venons maintenant au livre : en songeant à son aîné, le *Voyage à Falaise*, en le voyant dédié à un seigneur de Guibray, conseiller à Rouen, on se prend à songer qu'une fille d'Henri Longchamp, Mlle Durieu, s'était retirée, vers 1700, à la Davoisière, près Falaise, où elle fut même rejointe plus tard par sa sœur Mlle Raisin. On en vient

---

(1) Il en existe aussi une édition de 1793, petit in-8°. Paris, chez Guy et Gide, comprenant de plus un *Voyage de Campagne*, par Mme de Murat, et *le Voyage à Mantes*, par René de Bonneval.

(2) C'est du moins ce que m'écrit obligeamment M. Saussure, bibliothécaire à Falaise, au sujet de cet ouvrage de Lenoble que je n'ai malheureusement pas sous ma main.

(3) **Voir la note à la fin du chapitre Ier.**

aussi à se rappeler que Henri Longchamp et sa femme qui paraît avoir été une des filles du célèbre Turlupin, un des contemporains de Mondor, avaient fait un assez long séjour sur le théâtre de Rouen avec leurs deux filles. Longchamp était, comme on le sait, le beau-frère de la Beauval, cette jeune orpheline que Filandre, son tuteur, son père adoptif ou putatif, avait recueillie dans un de ses voyages dans les Flandres. Ne conçoit-on pas alors comment ce roman comique, né peut-être à l'occasion de la comédie de *l'Opérateur Barry* de Dancourt, avec laquelle il n'a toutefois aucun rapport, a pu être amené à choisir Falaise comme théâtre de ses principales scènes (1), comment le souvenir de Filandre et de Longchamp, toujours vivant en ce lieu, grâce aux anciennes actrices de sa troupe, a pu être utilisé par l'auteur dans un récit romanesque, renouvelé de Scarron, et qui, comme je l'ai dit, n'a retenu qu'un reflet lointain de la réalité ?

On comprend comment la petite Jeanne Olivier Bourguignon, ramenée des Pays-Bas par Filandre, a pu donner naissance au récit de l'enlèvement par lui, lors d'un voyage en Flandre et d'un passage à Beauquesne, de la fille du comte de Temicour qu'il élève comme son enfant, après son retour en France. On se rappelle qu'Henri Longchamp fit un voyage, avec sa troupe, en Angleterre, à la cour de Charles II, et qu'on retrouve à Dijon, en 1689, un acteur du nom de Floridor appartenant très-probablement à la troupe de M. le Prince. On en vient à songer aux amours de Mlle Raisin et du grand Dauphin, et, après tout cela, on conçoit mieux comment une imagination romanesque, telle que celle de Lenoble, inspirée

---

(1) On trouve, p. 96 et suiv., une curieuse peinture de la foire de Guibray, relatant toutes les curiosités de cette foire si célèbre jusqu'à nos jours, sans oublier « les cabarets de caffé » qui étaient alors une nouveauté ; cette description n'a pas été connue par l'auteur de la notice historique sur la foire de Guibray, placée en tête de *Guibray au temps de Louis XIII*, d'après une gravure de Chauvel de 1658 (Caen, Mancel, 1841, in-8° de 23 p.).

par ces souvenirs, a pu transformer tous ces événements réels dans le récit du *Voyage à Guibray.*

La mode, pendant le xviie siècle, avait favorisé cette intrusion des événements de la vie réelle dans le roman et même sur la scène, grâce à des déguisements de toute sorte empruntés à Rome, à la Grèce, et même à la Perse. Le récit de la vie des personnages de théâtre était lui-même entré dans ce cadre où la vérité coudoyait la fiction. Le *Roman comique* avait ouvert la voie ; *Élomire hypocondre,* les *Aventures de la Guérin,* la *Vie de Henriette-Sylvie de Molière,* etc., étaient restés fidèles à cette tradition que Lesage se donna plus tard bien garde d'oublier. L'auteur du *Voyage à Guibray* l'a suivie, bien que de loin. Cela compense son peu de mérite littéraire.

Grâce à lui, à côté de la peinture d'événements purement romanesques, nous avons un tableau intéressant de la vie des comédiens de campagne au commencement du xviiie siècle, ou plutôt à la fin du siècle précédent. Son livre, devenu rare aujourd'hui, remplit un vide qui existait dans leur histoire ; sa « pièce comique » est un anneau de la chaîne qui va de Scarron à Lesage. C'est pour cela, et non pour sa valeur intrinsèque, que j'en ai parlé si longtemps. A cause du portrait des caravanes des comédiens de province, de l'histoire de Barry, de Mondor, et surtout de Filandre, le *Voyage à Guibray* mérite d'avoir sa place, non pas seulement chez les bibliophiles normands, mais dans la bibliothèque de tous les curieux, sur le même rayon que le *Roman comique* et le *Gil Blas : longo sed proximus intervallo.*

II.

LES COMÉDIENS DE MADEMOISELLE.

Les comédiens de Mademoiselle sont une des principales troupes d'acteurs de campagne du milieu du xviie siècle.

Jusqu'ici, au contraire, on ne connaît ces comédiens que par leur établissement passager à Paris, rue des Quatre-Vents, en 1661, et on les a pris purement et simplement pour une troupe parisienne n'ayant eu qu'une existence éphémère.

Si l'on voit ces acteurs de Mademoiselle rester si peu de temps à Paris, il ne faut pas s'en étonner ; d'abord parce qu'en face des troupes de l'hôtel de Bourgogne, du Marais, du Palais-Royal, de la reine (les comédiens espagnols) et des comédiens italiens, il était impossible à une autre troupe de s'y maintenir longtemps, surtout dans les lointains parages du Luxembourg ; ensuite parce qu'ils étaient uniquement une troupe de campagne, qui se borna à venir passer une saison à Paris, pour y divertir la fille de Gaston d'Orléans, comme elle l'avait déjà aidée à passer les longues soirées d'hiver de son exil à son château de Saint-Fargeau. Avant 1661, comme après, nous allons rencontrer les comédiens de Mademoiselle courant la province. C'est encore une révélation pour les *curieux* de l'histoire du théâtre.

Mademoiselle aimait la comédie. C'était le goût de la cour de son temps, et ce plaisir était pour elle une habitude datant de sa jeunesse. Dans ses *Mémoires* elle parle plus d'une fois des représentations auxquelles elle assistait, soit à la cour, soit dans les grands hôtels seigneuriaux de cette époque (1). C'était aussi pour elle un goût traditionnel, un goût de famille qui lui venait de son père. Gaston d'Orléans aimait le théâtre et les ballets, surtout les ballets bouffons, comme tous les

---

(1) *Mémoires de Mademoiselle*, 1746, in-12, t. Ier, p. 40. « J'allois aux assemblées que Mme la comtesse de Soissons faisoit faire à l'hôtel de Brissac deux fois la semaine ; leurs divertissemens ordinaires étoient les Comédies. » (Ceci a trait à l'hiver de 1638.) Plus tard, en 1639, la comtesse de Soissons fait donner ces divertissements à l'hôtel de Créqui, p. 48. En 1644, 1646, *Mademoiselle* nous parle encore des bals et de la comédie italienne auxquels elle assiste. « La cour revint à Paris, l'hiver se passa à l'ordinaire en bals et en comédies, etc. » V. pp. 147, 165, etc. A une époque postérieure, Loret parle aussi sans cesse des ballets de *Mademoiselle*.

jeunes seigneurs insatiables de plaisirs, qui remplissaient sa petite cour, le duc de Guise, le comte de Modène, les Tristan, etc. L'*Illustre théâtre* avait même été un instant une troupe entretenue par Son Altesse royale, et l'on a pensé que c'était à son adresse, pour répondre à ses goûts et satisfaire ses désirs, que Molière avait engagé, le 28 juin 1644, le danseur Daniel Mallet de la troupe de Cardelin ; mais la protection toute passagère de Gaston n'avait pas empêché la chute de l'*Illustre théâtre* (1).

Gaston n'avait pas tardé à accorder son patronage à une autre troupe d'acteurs, à des comédiens de campagne ; sa fille nous le montre du reste se donnant, dès une époque bien antérieure, à Tours et à Blois, le plaisir du théâtre. « Enfin (dit-elle), à Tours et à Blois je passai parfaitement bien mon temps ; c'était en automne ; Monsieur y fit venir des comédiens et nous avions la comédie presque tous les jours..... De là je fus à Blois où lorsque Monsieur fut de retour nous eûmes les comédiens et les autres divertissements que nous avions à Tours (2). » La troupe qui jouait ainsi devant Gaston devait se parer du titre de comédiens du duc d'Orléans.

Quand nous retrouvons des acteurs s'intitulant comédiens de Son Altesse royale, ce n'est qu'en 1646, à Lyon, bien que, comme nous le dirons, le séjour de ces comédiens dans cette ville semble remonter plus haut, de même qu'il s'y prolongea plusieurs années après. En 1649 et au commencement de 1650, les comédiens de Son Altesse royale sont toujours à Lyon.

Après son départ de Paris, qui suivit la fin de la Fronde, à partir d'octobre 1652, Monsieur chercha aussi à adoucir les ennuis de son exil, en se donnant le plaisir de la comédie. Mademoiselle rencontra les comédiens à Orléans, en allant y voir son père : « je n'y restai qu'un jour, j'y trouvai des comédiens ; c'étoit une très-bonne troupe qui avoit été tout l'hiver

---

(1) M. Eudore Soulié n'est pas éloigné de croire aussi à des liens de la troupe de Dufresne envers le duc d'Orléans.

(2) *Mémoires de Mademoiselle*, pp. 22 et 35. Le récit a trait à 1637.

de devant à Poitiers avec la cour, et l'avoit suivie à Saumur (novembre 1651 à février 1652) ; elle avoit eu beaucoup d'approbation de toute la cour, je les fis jouer un soir à mon logis où Son Altesse royale vint. L'on ne parloit en ce temps-là que du retour du cardinal Mazarin à la cour. » Cette représentation mit Mademoiselle en goût de se donner le plaisir de la comédie dès son retour dans son château de Saint-Fargeau. « A mon arrivée, je ne songeai qu'à faire accomoder un théâtre en diligence. Il y a à Saint-Fargeau une grande salle qui est un lieu fort propre pour cela ; j'écoutois la comédie avec plus de plaisir que je n'avois jamais fait ; ce théâtre étoit bien éclairé et bien décoré. »

Le carême fit finir ce plaisir de la comédie ; mais dans ses voyages habituels, pendant l'été, sur les bords de la Loire, Mademoiselle retrouva la troupe qu'elle avait entretenue pendant l'hiver de 1653 à 1654, à son château. « Les comédiens que j'avois eus tout l'hyver à Saint-Fargeau se rencontrèrent à Tours, de sorte qu'à mon arrivée j'allai à la comédie. »

Elle continua les hivers suivants à les appeler auprès d'elle. « Je fis venir à Saint-Fargeau, dit-elle, l'année suivante, les comédiens qui y demeurèrent deux mois. » L'année d'après, elle écrit encore : « J'eus les comédiens à mon ordinaire. » Ils étaient chez elle le 1er janvier 1655. Cela fait, comme elle le dit ailleurs, trois hivers de suite, 1653, 54, 55, qu'ils jouèrent à Saint-Fargeau (1). En allant à Blois, en octobre 1654, Mademoiselle rencontra aussi dans cette ville une troupe de comédiens, qui a tout l'air d'être celle qui représentait l'hiver à son château, et pendant l'été parcourait les villes des bords de la Loire, sans doute sous le patronage de

---

(1) *Mémoires de Mademoiselle*, tome II, pp. 281, 283, 314, 334, 370, 371; tome IV, p. 139, et Walckenaër, *Mémoires sur Mme de Sévigné*, p. 492. — Mademoiselle n'avait pu continuer à se donner le plaisir des ballets qu'elle aimait tant. Baptiste Lully, « le grand baladin » l'avait quittée lors de son exil, ne voulant pas rester à la campagne.

Monsieur (1). La même troupe aurait été ainsi placée sous la protection de Mademoiselle et de son père.

On a la preuve de cette assertion dans une mention des registres de la mairie de Dijon, d'avril 1655. On voit, à cette époque, la chambre de ville accorder aux *comédiens ordinaires de Son Altesse Mgr le duc d'Orléans* et *de Mademoiselle, souveraine de Dombes*, permission de représenter, à condition de verser 100 livres pour les pauvres et de ne faire payer le prix des places que suivant le tarif accoutumé (2).

De quels acteurs se composait cette troupe, sur laquelle la lumière commence à se faire ?

Les 21 et 22 mars 1649, alors que, grâce à la Fronde, le séjour de la province valait mieux pour les comédiens que celui de Paris, on voit figurer à Lyon, dans divers actes, avec la qualité de *comédiens de Son Altesse royale*, Abraham (ou Abram) Mitallat, dit la Source, François Henriel, dit La Barre, Hugues de Lan, Louis de Ruffin dit La Fontaine, Georges Pinel dit La Couture, et Remy Broutière dit des Rosiers, qui semblent tous s'y trouver encore le 18 décembre de la même année.

Le 7 décembre 1649, on rencontre, du reste, à Lyon, le baptême d'une fille de Sequier de Corceteus et de Catherine Prunier sa femme, *comédiens de Son Altesse royale*, auquel assistent François La Barre, mari de Michelle du Trasay, des Rosiers, et Louis Desfontaines, tous aussi comédiens (3).

Dès 1646 (22 janvier), les registres de la Charité de Lyon mentionnent la présence en cette ville de Messieurs les *Comédiens de Son Altesse royale*, qui semblent y avoir fait un assez long séjour, coupé seulement par quelques absences.

(1) « Je demeurai tout le mois d'octobre à Blois ; il y avait des comédiens dont Monsieur et Madame n'avoient point le divertissement. Il n'y avait que moi et mes sœurs qui y allassent. » (*Mémoires*, t. II, p. 370.

(2) Inventaire des archives municipales de Dijon, Registres de 1655-1656.

(3) Le 20 mars 1661, alors que Michelle du Trasay est devenue veuve, on la rencontre encore à Lyon.

Elle remontait sans doute plus haut, puisque dès le 1ᵉʳ février 1644, on voit à Lyon, au baptême du fils du comédien Thoussaint Le Rebe, sieur de Hautefeuille, dans l'église Sainte-Croix, Jeanne de Roncerre, femme du comédien Abraham Mitallat, et Louis de Ruffin, dit La Fontaine, qui, en 1649, portent le titre de comédiens de Gaston, duc d'Orléans. En février 1650, Mitallat était encore à Lyon, et y avait procès avec deux repasseuses pour des dentelles (1).

Voilà donc quels étaient, de 1644 à 1650, les principaux éléments, les principaux acteurs de la troupe de Son Altesse royale.

Nous rencontrerons quelques-uns d'entre eux, à une date postérieure, dans la troupe de Mademoiselle. C'est ainsi que nous retrouverons à Lyon, en 1659, Hugues de Lan, *comédien de Mademoiselle*, ayant pour femme Marguerite Prunier, sans doute sœur de la femme de Sequier de Corceteus, et figurant encore avec Abraham Mitallat.

C'est probablement la même troupe qui, pendant les hivers de 1653, 54, 55, joua à Saint-Fargeau, chez Mademoiselle, et qui, pendant l'été, sous le patronage de Gaston, parcourait les villes des bords de la Loire, plus productives sans doute pour eux, que celles des bords du Rhône, depuis que l'arrivée de Molière à Lyon, vers la fin de 1652, était venue accaparer le succès et le public lyonnais (2).

Était-ce la troupe qui avait joué à Poitiers et à Saumur, devant la cour en novembre et décembre 1651 et janvier 1652 ? C'est fort possible, et je ne sais pourquoi Walckenaër

---

(1) M. Brouchoud, *Origines du théâtre de Lyon*, pp. 50, 51, 60, et M. Eudore Soulié, *Molière et sa troupe à Lyon*.

(2) M. Brouehoud, s'appuyant sur certains dires de Chappuzeau, croit que c'est cette troupe que Molière rencontra à Lyon, et que plusieurs acteurs quittèrent pour entrer dans *l'Illustre théâtre*, ce qui l'amena à se transporter ailleurs. On remarque en effet une étroite camaraderie entre la troupe de Mitallat et l'opérateur Jacomo de Gorla (Jean-Jacques de Gorles) dont la fille, la belle Marquise-Thérèse de Gorles, épousa du Parc, en février 1653.

voit dans la troupe de comédiens ayant joué à Poitiers, une troupe différente de celle qui représenta à Saint-Fargeau. Les *Mémoires* de Mademoiselle, sans rien dire toutefois d'affirmatif à cet égard, permettent plutôt au contraire de présumer cette identité.

Le retour de Mademoiselle à la cour laisse un instant dans l'ombre ses comédiens et ceux de son père ; on ne les retrouve à Lyon qu'à la fin de 1658, alors que le départ de Molière leur a laissé la place libre.

Mademoiselle elle-même est alors à Lyon, avec toute la cour, avec le jeune roi venu pour l'entrevue qu'on lui a ménagée avec la princesse de Savoie. Le cortége royal s'est un instant arrêté à Dijon où les états de la province étaient réunis et dont le duc d'Épernon était encore gouverneur, ce qui permet de croire qu'il se trouva alors des comédiens dans la capitale de la Bourgogne.

Arrivée à Lyon au mois de novembre 1658, la cour eut le plaisir de la comédie. Mademoiselle mentionne expressément ce divertissement : « J'oubliois de dire qu'il y avoit à Lyon *deux troupes de comédiens* dont l'une étoit *très-bonne*. Ils affichèrent les *comédiens de Mademoiselle* et avec raison. Ils avoient joué trois hyvers de suite à Saint-Fargeau... Quelquefois le roi alloit à la comédie. J'y allois aussi assez souvent avec Monsieur. Nous étions tous dans une tribune où l'on entroit par chez M. le maréchal de Villeroy (1). »

Ces lignes des *Mémoires* de la fille de Gaston, sont une curieuse révélation : elles nous apprennent la rencontre à Lyon, en 1658, de deux troupes de comédiens, ainsi que cela avait lieu fréquemment dans la seconde ville de France, la présence des comédiens de Mademoiselle, et enfin la représentation des pièces dans le palais même des gouverneurs, dans la salle de l'hôtel du Gouvernement. C'est alors que fut repré-

---

(1) *Mémoires*, t. IV, pp. 139, 175, et Pericaud, *Notes et documents pour servir à l'histoire de Lyon sous Louis XIV*, première partie, p. 107.

senté à Lyon, le *Festin de Pierre* ou *le Fils criminel*, de Dorimon, le comédien auteur que nous retrouverons bientôt à Paris, à la tête des comédiens de Mademoiselle. Dorimon joua dans sa pièce le rôle de Don Juan (1). L'impression suivit de près la représentation. Le permis d'imprimer est du 11 janvier 1659. L'œuvre du comédien de Mademoiselle parut chez Antoine Offray, libraire au Change, éditeur de la troisième partie du *Roman comique*. Elle portait en tête une dédicace au duc de Roquelaure, des vers dont l'auteur, M. du Perrier, dit tout simplement du comédien poëte :

« Dorimon passe Mondori. »

Enfin, d'autres vers de Scipion du Pille et le huitain, souvent reproduit, adressé par la femme de Dorimon à son mari :

« Encore que je sois ta femme,
Et que tu me doives ta foi,
Je ne te donne pas de blâme
D'avoir fait cet enfant sans moi.
Toutefois ne me crois pas buse,
Je connais le sacré vallon,
Et si tu vas trop voir ta muse,
J'irai caresser Apollon (2). »

Des documents tirés des registres des paroisses de Lyon, nous montrent précisément alors la présence en cette ville de la femme de Dorimon et des comédiens de sa troupe. En 1659, le 1er avril, Claude Pélissier, comédien du roi, et sa femme Marie Bolduille, font baptiser une fille qui a pour parrain

(1) Dorimon paraît ainsi avoir été le premier qui, à l'exemple du Théâtre italien, acclimata en France l'histoire du Don Juan espagnol de Tirso de Molina, ce sujet qui depuis devait être si souvent traité sur notre théâtre par de Villiers (1659), Molière, Rosimond, etc.

(2) La réputation fort mince d'esprit qu'a laissée la femme de Dorimon peut faire supposer que son mari mettait la main à ses poésies, de même que Colletet à celles de Claudine. — Au reste ce sont les seuls vers qu'ait commis Marie Dumont. Cette muse allait rarement caresser Apollon.

Abraham Mitallat, aussi comédien du roi, et pour marraine, Mlle Marie Dumont.

Mlle Marie Dumont n'est autre que la femme de Dorimon, dont, je ne sais pourquoi, les modernes historiens du théâtre n'ont guère pris la peine de bien préciser l'identité, malgré, comme nous le verrons, qu'elle ait paru tour à tour sur le théâtre de Mademoiselle, du Marais et de la rue Guénégaud. Abraham Mitallat, qui lui servait de compère, est l'acteur que nous avons rencontré à Lyon dès 1644, et qui semble avoir été pendant un certain temps à la tête des comédiens du duc d'Orléans.

Quinze jours plus tard, apparaissent encore sur les registres paroissiaux d'autres comédiens de Mademoiselle. Hugues de Lan, comédien de Mademoiselle, et Marguerite Prunier ont un enfant tenu sur les fonts, le 14 avril, encore par Abraham (Abram) Mitallat et Mlle Françoise de Lan (1). Hugues de Lan figurait dès 1649 à Lyon, avec Mitallat, parmi les comédiens de Son Altesse royale. Plus tard, on retrouve, en 1673, dans la troupe de l'électeur de Bavière, le sieur et la demoiselle de Lan, alors qu'une autre actrice du même nom et de la même famille, Mlle de Lan, joue aussi à l'étranger et dans l'est de la France, dans la troupe du duc de Savoie (2).

Après avoir quitté Lyon, la troupe de Mademoiselle remonta vers le Nord. L'année suivante, en 1660, on la rencontre à Dijon ; le 28 mai, elle obtient des magistrats municipaux la permission de représenter, à condition de ne pas commencer le spectacle après cinq heures du soir, afin qu'il fût terminé avant la nuit.

---

(1) M. Brouchoud, *Origines du théâtre à Lyon*, p. 52-53. On voit aussi à cette date de février et de mars 1659 les reçus donnés par les hospices de Lyon de ce qu'ils ont reçu des comédiens pour les pauvres. Tous ces acteurs, dits comédiens du roi et comédiens de Mademoiselle, appartiennent-ils à la même bande ? C'est probable, bien que la présence à Lyon de deux troupes à la fois ne permette pas de rien affirmer à cet égard.

(2) Chappuzeau, *Histoire du Théâtre français*, édit. de M. Ed. Fournier, p. 110.

Après cela, nous ne retrouvons plus les comédiens de Mademoiselle qu'à Paris.

On lit dans la *Gazette* de Loiret du 1er janvier 1661 :

> « Une troupe toute nouvelle
> Qui se dit à Mademoiselle,
> Qu'on attendoit de longue main,
> Joue au faubourg Saint-Germain. »

Les historiens du théâtre ont peu parlé des causes de cet établissement à Paris. De Mouhy, un des mieux informés sur ce point, dit que les acteurs de la troupe de Mademoiselle étaient des comédiens de province qui, ayant eu le bonheur de lui plaire dans un voyage qu'elle fit à la campagne, obtinrent de ses bontés de s'établir sous son nom, mais ne tinrent que pendant la foire et s'en retournèrent en province (1). Dans sa volumineuse compilation restée manuscrite et inédite, il s'étend plus longuement sur les motifs qui, selon lui, auraient amené à Paris Dorimon, qu'on pouvait tout simplement supposer grisé par l'approbation et le patronage qu'il avait reçus de Mademoiselle à Lyon, devant la cour, et pris dès lors de l'ambition de se produire sous ses auspices sur un plus grand théâtre, à Paris, cette terre promise des comédiens.

Voilà ce qu'y raconte le chevalier de Mouhy (2) : Dorimon et sa femme avaient joué à Lyon quelques mois avant de venir dans la capitale ; n'étant pas contents de leur sort, ils voulurent voir Paris. Dorimon avait un frère, valet de chambre de Mademoiselle, et espérait par son entremise pouvoir entrer chez les comédiens du roi. En attendant la réalisation de ses désirs, il montra à sa nièce à jouer la comédie ; elle était fille du

---

(1) De Mouhy, t. III, p. 20, *Abrégé de l'histoire du Théâtre*. Le *Dictionnaire des Théâtres*, 1754, p. xix, dit de même que cette troupe, après avoir obtenu de s'établir à Paris, en 1661, fut obligée de s'en retourner en province au bout de quelques mois.

(2) *Journal manuscrit du Théâtre français*, t. II. Bibl. nat. F. fr. 9230, p. 1113.

frère de sa femme chez lequel il avait un appartement. Son élève fit en trois mois de grands progrès, ce qui lui donna, de concert avec son beau-frère, l'idée de ménager une surprise à Mademoiselle, et de jouer, la veille de sa fête, une comédie improvisée. La pièce représentée ainsi presque à l'improviste était *l'Amant de sa femme*, une des meilleures pièces du comédien poëte (1). Dorimon reçut les éloges de la royale princesse. Il lui dit qu'il serait heureux de se produire en public sous son patronage, et lui demanda l'honneur de faire prendre à sa troupe le nom de comédiens de Mademoiselle. La fille de Gaston accorda cette permission à condition que le roi ne s'y opposerait pas. Quinze jours après, elle était définitivement obtenue. Dorimon forma sa troupe de comédiens qui n'avaient pas été reçus dans les troupes de Paris, et établit son théâtre rue des Quatre-Vents, « dans une maison à porte cochère, ayant passage dans la rue des Boucheries-Saint-Germain (2). » Il l'ouvrit le 17 décembre 1660, par la représentation du *Festin de Pierre* et de *l'Amant de sa femme*.

Dans une des nombreuses pièces qu'il produisit et fit imprimer en 1661, Dorimon eut soin d'exprimer sa reconnaissance à Mademoiselle. Toutes ses comédies, d'une grossièreté rare le plus souvent, n'étaient pas de nature à être dédiées à une princesse. C'est dans une des moins inconvenantes d'entre elles, *la Rosélie*, qu'il lui rappelle qu'il a l'honneur d'être à elle ; il la lui offre comme témoignage du dessein qu'il a d'y être toute sa vie et de sacrifier ses veilles au divertissement de sa protectrice (3).

Il semble avoir été à Paris le fournisseur attitré de son théâtre, dont ses pièces composent le seul répertoire connu

---

(1) *L'Amant de sa Femme*, comédie en un acte dédiée à M. de Buré. Paris, Quinet, 1661, in-12.

(2) Les frères Parfait, *Histoire du Théâtre françois*, t. IX, p. 2, disent : « Dans la première maison à main droite en entrant par le bas de la rue de Condé. »

(3) *La Rosélie* ou *Dom Guillot*, comédie en cinq actes en vers. Paris, Jean Ribou, 1661, in-12.

jusqu'à présent (1). Il voulait de la sorte rivaliser avec Molière.

Il eut sans doute le sort de la grenouille qui veut imiter le bœuf. Ces pièces, malgré le talent qu'il pouvait avoir à jouer les rôles comiques, firent sans doute de nombreux fours, comme dit déjà La Grange dès ce temps-là, ainsi que le méritait leur grossièreté et leur platitude ; il dut déguerpir après la fin de la foire de Saint-Germain (2).

Le moment qu'il avait pris pour se produire à Paris était d'ailleurs mal choisi. La *Camma* de Thomas Corneille, à l'hôtel de Bourgogne, *la Toison d'or* de son illustre frère, au Marais, la fameuse épinette des Raisin, à la foire, attiraient la

(1) Malgré la médiocrité de ses pièces, il y aurait lieu d'étudier à loisir le théâtre de Dorimon, comédien, auteur, directeur de troupe, contemporain de Molière, et à voir d'où il a tiré ses pièces, dont le fond offre quelques analogies avec les sources auxquelles a puisé le grand comique. On remarque des ressemblances entre une des *Nouvelles* de *Scarron*, *la Précaution inutile* (la première des *Nouvelles tragi-comiques*), et son *École des C...ou la Précaution inutile* qu'il fit représenter en 1664. (Voir les frères Parfait, t. IX, p. 53-57, et le *Molière* de M. Despois, t. II, p. 344, et t. III, p. 1181.) On a aussi signalé les similitudes de la *Femme industrieuse*, inspirée de Boccace et de Lope de Véga, avec *l'École des Maris* de Molière.

La Comédie de la Comédie, tableau du théâtre du temps, mérite aussi d'être rapprochée des autres pièces du même genre, sans parler de *Don Juan*.

(2) Le privilége obtenu à la fin de mars ou au commencement d'avril (26 mars-12 avril) par Dorimon, pour l'impression d'un recueil de six petites comédies de sa composition et intitulées : *les Amours de Trapolin, l'Inconstance punie, l'Amant de sa Femme, la Précaution inutile, la Femme industrieuse* et *le Festin de Pierre*, et transporté par lui au libraire Quinet, ne fut enregistré au syndicat des libraires que le 10 août 1661. C'est dans l'intervalle d'avril *au mois d'août* 1661, c'est-à-dire postérieurement à *l'École des Maris* de Molière, jouée le 24 juin, que Dorimon ajouta à sa pièce de *la Précaution inutile*, le second titre de *l'École des C...* où il parodiait ainsi le titre de la pièce en vogue de Molière. Sa *Femme industrieuse*, dont l'exemplaire de la Bibliothèque de l'Arsenal porte un achevé d'imprimer du 22 avril 1661, est antérieure à *l'École des Maris*. Voir, pour ces renseignements donnés par M. Despois, son édition de Molière, t. II, p. 343, 344. Il est probable que, comme la plupart de ses confrères, Dorimon ne songea à faire imprimer ses pièces que lorsque leur médiocre succès fut épuisé à la représentation.

foule à ses dépens. S'en alla-t-il courir les Pays-Bas, à l'exemple de beaucoup de ses confrères ? De Mouhy indique une de ses pièces comme imprimée à Anvers en 1662 (1).

Longtemps après leur départ de Paris, on retrouve en province ces comédiens de Mademoiselle qu'on pouvait croire n'avoir eu qu'une vie éphémère. On les revoit à Dijon au commencement de 1667, arrivant de Metz. Ils vinrent pour jouer dans la capitale de la Bourgogne, vers le 10 janvier, à l'approche du carnaval ; mais le maire et la chambre de ville leur refusèrent la permission de représenter, à cause de la prétendue désolation résultant des taxes ordonnées par la chambre de justice, qui avaient causé bien des ruines parmi le monde de la finance et de la bourgeoisie. Ils se pourvurent devant le parlement qui, par arrêt du 29 janvier, leur permit de dresser leur théâtre en tel lieu, le plus commode de la ville, que bon leur semblerait, pour y représenter jusques au carnaval prochain, à condition de ne prendre que 10 sols par personne pour les pièces ordinaires, et 20 sols pour les nouvelles.

Le maire voulut alors envoyer un député à la cour pour se plaindre du parlement ; ce fut quasi une grosse affaire. Aussi, le 2 février 1667, le premier président du Parlement de Bourgogne, Nicolas Brulart, marquis de la Borde, écrivait-il au prince de Condé, gouverneur de la province, le récit de cette histoire de comédiens, pour le renseigner sur les faits et gestes de la chambre de la ville :

« Il y a près de trois semaines, dit-il, que les comédiens de Mademoiselle étant arrivés en cette ville pour y divertir le public pendant ce carnaval, demandèrent au maire permission de monter sur le théâtre ; il la leur refusa fort légèrement, les comédiens crurent qu'une autre fois il serait de meilleure

---

(1) En 1662 (2 mars), Chappuzeau dédiait à Son Altesse royale Mademoiselle, *le Riche mécontent*. Scarron avait aussi tiré antérieurement à vue sur Mademoiselle en lui adressant une de ses comédies, *l'Écolier de Salamanque*, en 1655. En 1662, Mlle Desjardins lui dédiait également sa tragédie de *Manlius Torquatus*.

humeur, n'y ayant aucune raison de les empêcher de faire leur métier dans la saison qui y est la plus propre de l'année. La chambre de ville fut assemblée pour délibérer sur cette seconde requête qui fut rebutée comme la première ; ces pauvres gens se voyant mourir de faim dans la capitale de la province, se pourvurent au parlement juge souverain de la police... » Je m'arrête. Le reste de cette longue lettre n'a trait qu'aux différends du parlement avec le maire et les gens de l'hôtel de ville (1).

M. le Prince manda au maire qu'il désirait que l'affaire des comédiens qui divisait Messieurs de la ville et Messieurs du parlement se terminât à l'amiable. Alors la chambre consentit à attendre quelque temps avant de se pourvoir auprès du conseil, et chargea le maire de tâcher de finir cette affaire avec Messieurs du parlement. Il est probable qu'elle se termina sans nouveaux déboires pour les comédiens de Mademoiselle, car on les voit, quelques mois plus tard, obtenir sans conteste permission de représenter à Dijon.

Cette troupe dut ne pas tarder à se disloquer, probablement par suite de la mort de Dorimon, dont la date reste ignorée (2).

Toutefois cet acteur ne survécut pas fort longtemps à son passage sur le théâtre de la rue des Quatre-Vents ; car on voit sa veuve, Marie Dumont, épouser Pierre Ozillon ou Auzillon, guidon de la compagnie du prévôt de l'Ile-de-France et plus tard portier de comédie renommé pour sa bravoure.

Devenue comédienne au Marais où elle jouait en mars 1670, dans les *Amours de Vénus et d'Adonis,* Mlle Ozillon qui, dit-on,

---

(1) Voir dans M. Ravaisson, *Archives de la Bastille*, t. III, p. 39, cette lettre tirée de la bibliothèque de Dijon, et *Inventaire des Archives communales de Dijon*.

(2) On s'est tellement trompé sur la date de la mort de Dorimon, qu'on est allé jusqu'à lui attribuer des pièces postérieures à la mort de Molière, telles que la *Descente de l'âme de Molière aux Enfers,* 1674. (V. Fournel *les Contemporains de Molière*, t. I, p. 483.)

avait plus de beauté que de talents (1), passa au théâtre de la rue Guénégaud, lors de la jonction des deux troupes, mais ne fut conservée qu' « à la recommandation d'une personne qualifiée » qui était sans doute la fille de Gaston. Cette médiocre actrice, qui ne sut jamais se rendre utile à la société, aux dires de l'honnête La Grange, fut renvoyée du théâtre, le 12 avril 1679, et mourut le 18 juillet 1693 (2). C'était peut-être la dernière survivante des comédiens de Mademoiselle.

III.

DISTRIBUTION DES ROLES D'AGÉSILAN DE COLCHOS

JOUÉ PAR LA TROUPE DE FILANDRE.

Voici des renseignements à ajouter à ceux que j'ai donnés au chapitre III, sur les acteurs d'*Agésilan de Colchos*, autres que Filandre et les trois Guérin, et qui n'ont pas été mentionnés par M. Éd. Thierry (3) :

La femme de Monchaingre, Mlle Filandre, remplit dans cette pièce de Rotrou, jouée par la troupe de Filandre, vers 1650, le rôle d'*Ardenie*. Son âge la réduisait déjà parfois aux rôles de confidente. A côté de la famille Guérin, se trouve dans la troupe, celle des Beaulieu, c'est-à-dire Pierre Marcoureau, sieur de Beaulieu, et sa femme Marie Boulanger, qu'a fait

---

(1) Robinet, à propos de cette pièce, a célébré ses charmes, ce qu'on appellerait aujourd'hui son succès de corsage.

(2) Ce n'est pas ici le lieu de parler du procès qu'elle soutint contre ses confrères qui ne l'aimaient pas et qui l'affublaient ainsi que ses contemporains du nom de L'Oizillon. Les derniers historiens du théâtre qui ont parlé d'elle ont tous oublié qu'elle était la veuve de Dorimon. Voir sur le procès pour sa pension, M. Bonassies, *la Comédie française*, p. 43.

(3) Voir le *Rotrou* de la Bibliothèque de l'Arsenal n° 10487, t. V. On se rappelle que Filandre joue le rôle de *Florisel*, Guérin celui de *Rosaran*, Mlle Guérin celui de *Diane*, et *le petit* Guérin ceux d'*Anaxarte* et d'un page.

connaître Jal, et leur fils *le petit Beaulieu*, le futur Brécourt, né vers 1638, entré au Marais en 1660, et que la tradition faisait en effet passer par la troupe de Filandre. Beaulieu fait le personnage de *Darinel*, Mlle Beaulieu, celui de *Sidonie*, la reine mère de Diane ; le petit Beaulieu est un des trois chevaliers qui figurent dans la pièce. L'acteur qui joue le rôle du héros de cette tragi-comédie, curieux rôle d'amoureux souvent travesti en femme, le rôle d'*Agésilan* et de *Daraïde*, est appelé *Le Bari* (si j'en dois croire la transcription qu'on m'a transmise de ces noms difficiles à déchiffrer sur une marge malheureusement rognée), ce qui ne laisse pas que d'intriguer après la lecture du *Voyage à Guibray*.

En y ajoutant les deux acteurs remplissant, l'un le rôle de *Brunéo*, un jeune amoureux, et l'autre celui d'*Arlandes*, cela fait onze comédiens composant la troupe de Filandre, y compris le *petit Guérin* et le *petit* Beaulieu.

Les troupes de campagne n'étaient généralement pas plus nombreuses. (Voir les deux actes de société de 1664, reproduits par M. E. Soulié, *Recherches sur Molière*, p. 210.) La troupe de Molière, lors de son retour à Paris à la fin de 1658, n'était elle-même composée que de dix acteurs et d'un gagiste.

IV.

LES COMÉDIENS DANS LE MAINE

A BONNÉTABLE, AU XVIIe SIÈCLE.

J'ai dit que, malgré mes recherches, je n'avais rien pu découvrir jusqu'ici qui constatât le passage de comédiens au Mans, du temps de Scarron. L'histoire du théâtre fait complétement défaut, au xviie siècle, dans la province qui avait eu l'honneur de donner à la France, au siècle précédent, un de ses plus grands poëtes dramatiques, Robert Garnier (1). Cependant, si Le Mans reste complétement muet à l'égard du séjour d'une troupe comique dans ses murs, à l'époque où y résidait Scarron, il n'en est pas absolument de même de toutes les autres villes du Maine; une de celles que mentionne précisément le *Roman comique,* laisse percer vers cette époque une lueur à l'endroit d'un passage et de représentations de comédiens.

C'est Bonnétable qui a cet honneur. Rien d'étonnant, d'ailleurs, à ce qu'il en soit ainsi. Cette ville relativement plus importante alors qu'aujourd'hui, et située sur le grand chemin de Paris, avait un autre titre pour attirer les meilleurs comédiens de campagne. Elle était parfois le séjour d'une grande famille de sang royal, qui avait une cour princière et aimait les plaisirs du théâtre, comme on le voit dans les *Mémoires* du temps.

Dans mes études sur Scarron et la société polie du Maine, de son temps, je remets en lumière cette petite cour du château de Bonnétable, trop rarement visité par la Dame du lieu, la comtesse de Soissons, veuve de Charles de Bourbon, et par les siens : son fils, l'aventureux comte de Soissons, Louis de Bourbon, sa fille Louise, la première femme du duc de Longueville, son autre fille, la princesse de Carignan, et sa petite-fille, Mlle de Longueville, la future duchesse de Nemours.

(1) Quand je dis que l'histoire du théâtre fait complétement défaut dans le Maine au xviie siècle (et je pourrais ajouter dans les deux premiers tiers du xviiie), j'en excepte toutefois l'histoire du théâtre des colléges de Saint-Benoît et de l'Oratoire au Mans, et des jésuites de La Flèche, que j'ai écrite récemment, et que je dois bientôt publier, ainsi que le peu que je sais sur l'histoire générale du théâtre du Mans jusqu'à l'établissement de la salle de comédie en 1776. — Ce qui explique en grande partie l'absence de renseignements, au xviie siècle, au Mans, sur le passage des comédiens qui devaient y venir, surtout à l'époque des foires, c'est la destruction des registres de ville, dont le plus grand nombre n'existe plus. Je me suis inutilement enquis de mentions du payement du droit des pauvres à l'Hôpital général, qui ne fut établi qu'en 1658. — Quant à Angers, on y voit inhumer, le 7 février 1652, le comédien Marie (Nicolas).

Le château avait eu l'honneur de recevoir le roi lui-même, Sa Majesté Louis XIII, à la fin de juillet 1620 (1). Il reçut aussi, sans parler des divers personnages attachés à la comtesse de Soissons, tels que les Senneterre, les Campion, Mlle des Vertus, etc., quelques-uns des nombreux poëtes, musiciens ou artistes auxquels elle accordait sa protection. Je ne veux pas ici divulguer à l'avance les nombreux renseignements inédits, que je dois publier comme preuves du goût de la comtesse de Soissons et des siens pour le théâtre et les ballets. Qu'il me suffise de rappeler ce que Mademoiselle dit des assemblées que Madame la Comtesse faisait faire en 1638 à l'hôtel de Brissac, deux fois la semaine, et dont les divertissements ordinaires étaient les comédiens, divertissements qu'elle fit donner l'année suivante à l'hôtel de Créqui (1). Ses poëtes favoris étaient le singulier abbé de la Couture, prieur aussi de Cherré, Jean-Baptiste Croisilles, l'auteur des *Héroïdes ou Epîtres amoureuses*, et de *la Chasteté invincible*, bergerie, ou *Tyrsis et Uranie*, œuvre dramatique que son auteur, tout à fait inattendu, intitulait modestement un vrai chef-d'œuvre (1633). C'était le jeune Rotrou, son protégé et celui de son fils, qui lui dédiait en 1636 *les Occasions perdues*, et

(1) On lit dans les registres paroissiaux de Saint-Cosme : « Le 29e jour de juillet 1620, le roi Louis XIIIe passa par ce village, accompagné de Monseigneur son frère et de Monseigneur le prince de Condé, et alla loger à Bonnétable, où était Mademoiselle de Soissons. » Mademoiselle de Soissons était arrivée le 3 juillet 1620, sur les 6 heures, au bourg de Saint-Cosme, avait pris son logis chez M. Du Bois des Cours, et le lendemain, après avoir entendu la messe, selon sa coutume, en l'église paroissiale, était allée à Bonnétable au château de Madame la comtesse de Soissons, sa mère.

Voir à propos de la présence du roi dans le Maine, à cette date : *L'arrivée du Roy en la ville du Mans, le 28 juillet 1620; ensemble la harangue faicte à Sa Majesté au nom des habitants de ladicte ville, et généralement tout ce qui s'est passé ès lieux circonvoisins avant l'arrivée de (sadicte) Majesté.* A Paris, chez Isaac Mesnier, jouxte la copie, imp. au Mans, 1620, petit in-8° de 15 pp., rarissime. — C'est lors de ce passage à Bonnétable, et non en 1614, que Louis XIII put visiter Torcé.

1) *Mémoires de Mademoiselle*, t. I, pp. 40 et 48.

adressait à son fils et à sa petite-fille la dédicace de l'*Hypocondriaque* (1631), et des *Deux Pucelles* (1639). Sa fille, la duchesse de Longueville, trop tôt ravie au monde, le 9 septembre 1637, avait vu les principaux poëtes du temps, Du Ryer, Scudéri, etc., lui dédier leurs œuvres, en même temps qu'à son mari, qui fut un soutien des *Muses affligées*, et dont Scarron a loué la générosité envers les Comédiens, à Bourbon.

Le célèbre musicien, danseur, luthiste, auteur de ballets, Louis de Mollier, plus connu sous le nom de Molière, était écuyer, gentilhomme servant de Madame la comtesse de Soissons, et ne se tourna du côté de la cour qu'après la mort de sa protectrice (17 juin 1644). Scarron lui-même, ami de Mollier, ainsi que je l'ai dit et que le faisait présumer son goût pour les ballets, les courantes, le luth et la musique, et qui ne devait pas se déplaire dans la société de Croisilles, Scarron a célébré les charmes de la jeune Marie de Longueville, la petite-fille de la comtesse, dans de poétiques *Etrennes* qui font partie de ses premières œuvres (1). Il avait sans doute accompagné l'évêque Charles de Beaumanoir dans les visites que ce prélat faisait à la vieille comtesse (2). C'est alors qu'il avait appris à connaître les grands chemins effondrés du Mans à Bonnétable, où il devait placer une des meilleures scènes de son roman (3).

On ne doit être étonné dès lors, ni de trouver le nom de la ville de Bonnétable dans l'œuvre du joyeux romancier, ni de rencontrer la présence de comédiens dans un lieu où ils avaient la bonne fortune sans pareille de pouvoir compter sur une généreuse protection, un bienveillant accueil et de solides espérances de gain.

(1) *A Mademoiselle de Longueville, Etrennes. Œuvres* de Scarron, t. VII, p. 322.

(2) Ce fut M. de Beaumanoir, ami de Madame de Soissons, qui fit lui-même l'enterrement de la duchesse de Longueville, à Paris, en septembre 1637. — En juin de la même année, on le rencontre dans les parages de Bonnétable, à Torcé, venant de visiter son prieuré de Saint-Célerin.

(3) Voir l'aventure des brancards. *Roman comique*, liv. I, ch. VII.

Un érudit habitant de Bonnétable, qui a déjà publié dans plus d'un journal ou d'une revue d'intéressantes notices sur cette contrée, et qui aspire à l'honneur de donner une histoire complète de sa ville natale, m'avait dit que Pesche, le laborieux auteur du *Dictionnaire de la Sarthe*, dont la mort a malheureusement laissé inachevée la *Biographie du Maine* (1), lui avait appris que les comédiens du *Roman comique*, lors de leur séjour à Bonnétable, avaient joué une comédie de *l'Astrée* dans une hôtellerie portant pour enseigne : *Au poing d'or et à la main d'argent*, et où se trouvait une immense salle.

Cette représentation des comédiens à Bonnétable, du temps de Scarron, n'était pas impossible. Cette ville était naturellement indiquée, ainsi que je viens de le dire, comme lieu de séjour des troupes de province. Le nombre de comédies qui a été tiré de *l'Astrée* est incalculable, et une pièce de ce genre devait plaire à la vieille comtesse, habituée, du reste, aux *bergeries* de Croisilles.

Les grandes salles d'auberges, de tripots ou de jeux de paume, étaient les endroits où avaient partout lieu les représentations des troupes de campagne (2). Rien de surprenant donc à ce que le *Poing d'or* à Bonnétable, comme l'hôtel de *la Biche*, au Mans (3), qui existait encore dans la première

---

(1) Pesche avait réuni, dit-on, la plupart des matériaux historiques et littéraires de cette *Biographie* qui, paraît-il, peuvent se trouver encore aujourd'hui entre les mains d'un membre de sa famille.

(2) On ne conserve plus guère au Mans le souvenir des nombreux jeux de paume qui s'y trouvaient au xviie siècle. Bonnétable et Mamers, au contraire, ont conservé comme souvenir de ce passé, leurs rues du Tripot. — A côté des théâtres établis dans les jeux de paume, il ne faut pas oublier les théâtres en plein vent que montaient les opérateurs. — M. Benjamin Fillon a bien voulu m'indiquer une pièce de sa collection, curieuse au point de vue de l'ordonnance des théâtres en planches et datant du commencement du règne de Louis XIII.

(3) L'auberge du *Coq-Hardy*, où le continuateur de Scarron fait loger les comédiens (*Roman comique*, liv. III, ch. iv), existe encore à Vivoin. Je donnerai de nombreux détails sur l'hôtel de *la Biche*, dans mon étude sur Scarron et le *Roman comique*.

moitié de ce siècle, ait servi de salle de spectacle pour les comédiens qu'attirait dans la première de ces villes la présence de la comtesse de Soissons (1).

Malgré les probabilités qui entouraient l'assertion attribuée à Pesche, je n'avais pas voulu me laisser aller à reproduire de simples dires que je ne pouvais appuyer d'aucune présomption écrite, quand M. Piel, qui sur ma prière avait bien voulu faire de nouvelles recherches à Bonnétable, dont j'avais moi-même consulté les registres paroissiaux, m'a transmis obligeamment un extrait de titres authentiques confirmant dans une certaine mesure l'allégation relative à la présence dans cette ville des comédiens du *Roman comique*.

Il s'agit d'un extrait d'un registre de 1668 des fondations, dons, obits de l'église de Saint-Sulpice de Bonnétable, reproduit dans un autre registre de 1683, de la même église, établi par M⁰ René Dupont, conseiller du roi, procureur de la fabrique. Voici la pièce que m'a transmise M. Piel, et pour laquelle je lui adresse mes remerciements :

« Animée des sentiments les plus pieux et *pour réparer les scandales donnés dans son auberge par les comédiens, depuis bien longtemps,* Guillemine Jamin, veuve en premières noces de Nicolas Goupil, en secondes de Guillaume Chevallier, et en dernières de Guillaume Bruneau, a donné par son testament, reçu par Mᵉ Lochet, notaire à Courcemont, le 11 janvier 1667, à la fabrice de Bonnétable, le tiers et une moitié faisant le sixième au total d'une maison située en cette ville, *où pend pour enseigne le Poing d'or et Main d'argent,* estant sur le placistre des halles à bled, acquise dans sa première communauté avec ledit Goupil, à la charge de faire

---

(1) D'après Scarron, liv. I, ch. VII, une partie de la troupe comique débandée se serait arrêtée à Bonnétable, venant de Château-du-Loir, et au lieu de poursuivre sur Alençon, d'où l'éloignaient les bruits de peste, aurait rétrogradé vers Le Mans. Mademoiselle de l'Étoile se serait démis le pied dans ce dernier voyage, en un village auprès de Bonnétable, et la femme du seigneur de ce lieu l'aurait fait conduire au Mans.

dire par le procureur de ladite fabrice, pendant vingt ans, à tel jour qu'elle décidera, quatre messes hautes à diacre et sous-diacre, sinon en cas d'empêchement, le lendemain ; lesdites vingt années commençant du jour 22 novembre 1667, date du décès à Bonnétable de Guillemine Jamin (1). »

Est-ce des comédiens qui avaient passé à Bonnétable trente ans plus tôt, du temps du séjour de Scarron au Mans, qu'il est question dans le testament ? Cela n'est pas impossible. L'hôtesse du *Poing d'or*, qui avait eu le temps de compter trois maris, pouvait bien dater de cette époque *les scandales donnés dans son auberge par les comédiens depuis bien longtemps*. Toujours est-il que la curieuse mention de ce remords de conscience est un piquant renseignement pour l'histoire du théâtre, et que les comédiens de Bonnétable ont des titres sérieux à se voir rapprochés de ceux du *Roman comique*.

V.

UN DERNIER RENSEIGNEMENT SUR MONCHAINGRE.

J'ai dit qu'il était probable que Monchaingre se trouvait en 1656 et 1657 dans les Pays-Bas, et que le défaut de renseignements sur son compte, de 1638 à cette époque, donnait lieu de croire que sa troupe avait dû séjourner longtemps hors de France. Je ne m'étais pas trompé.

Voici, en effet, un curieux document qui offre un nouveau jour sur cette partie de la carrière théâtrale de Monchaingre, qui nous le montre à La Haye et à Bruxelles, et nous le fait connaître avec la qualité de *comédien de la reine de Suède*, ce

---

(1) Par suite de la vente de la maison, les droits légués par la testatrice furent fixés à une rente de 12 livres au jour de saint Jean-Baptiste, à partir de 1668. Voir le Registre indiqué f° 96, ainsi que d'autres registres plus modernes de la fabrique de Bonnétable.

qui explique en partie le long silence gardé sur son compte en France, pendant environ vingt ans.

Cet extrait de l'acte original conservé dans les minutes de M⁰ Turquet, notaire à Paris, m'a été obligeamment communiqué par M. Benjamin Fillon, qui le tenait de M. Eudore Soulié.

C'est le désistement d'une action intentée contre Monchaingre ; il porte la date du 16 décembre 1657 :

« Marthe Boisseau, fille majeure, demeurant de présent à Paris, rue Tirebourdin, paroisse Saint-Sauveur, se désiste de l'instance criminelle qu'elle a ci-devant intentée contre Jean *Monseingre* (*sic*), dit Fillandre, COMÉDIEN DE LA REINE DE SUÈDE, pour raison du commerce charnel qu'elle prétend avoir eu avec ledit Fillandre, pendant qu'elle a demeuré à son service, *tant en son voyage de Hollande à La Haye que à la ville de Bruxelles*, pendant lequel temps elle prétend être devenue grosse de son fait, et aurait fait ses couches en cette ville de Paris, en la maison de la nommée Janin, rue des Petits-Champs, paroisse Saint-Eustache ; moyennant la somme de 30 livres qui lui est payée par Noël Viot, marchand et bourgeois de Paris, fondé de procuration dudit Fillandre passée *à Bruxelles le* 28 *avril* 1657, laquelle est annexée, et qu'elle sera déchargée de Jeanne-Françoise *Monseingre* enfant *âgée de dix-sept mois* ou environ, de laquelle ladite Boisseau est accouchée et de laquelle ledit Fillandre demeurera chargé pour icelle faire nourrir, instruire et élever à la foy catholique, apostolique et romaine. »

Ainsi voilà bien et dûment Monchaingre qualifié de *comédien de la reine de Suède*.

Ces lointains voyages des comédiens français n'ont rien qui doive, même alors, nous étonner. Bien que moins fréquents que ceux de nos acteurs d'aujourd'hui à Saint-Pétersbourg, en Égypte ou aux États-Unis, on en trouve d'assez nombreuses traces de cette époque. Je ne parle ni des voyages outre-Rhin, en Hollande ou dans les petites cours d'Allemagne qui n'étaient guères que des promenades, comme ceux de Turin, ni même de ceux en Angleterre, mais bien des excursions plus lointaines. On sait que Nicolas Desmares et sa femme firent partie, à Copenhague, de la troupe des comédiens français du roi de Danemark ; que Hauteroche s'enrôla en Espagne, à Valence, dans une troupe d'acteurs de notre pays, avant d'être directeur d'une troupe en Allemagne d'où il entra au théâtre du Marais, etc. Il est tout naturel dès lors de trouver Monchaingre comédien de la reine de Suède, dans cette cour si singulière où les petits maîtres coudoyaient les érudits, où la galanterie marchait de pair avec la science, et où Christine, qui s'était donné le rôle de protectrice des lettrés et des artistes, montrait un goût prononcé pour les Français et les plaisirs de la France.

Qui avait pu être le négociateur de la venue de Monchaingre à Stockholm, parmi tous les Français qui firent tour à tour partie de l'entourage de Christine, tels que Bourdelot, Chanut, Chevreau, Cérisantes, etc. ? On peut hésiter entre ces deux derniers.

Chevreau né à Loudun, avait dû se trouver en rapport avec Filandre par suite des nombreuses pièces de théâtre, comédies, tragédies, tragi-comédies qu'il composa et fit jouer de 1637 à 1641. Duncan-Cérisantes, né à Saumur même, avait dû connaître aussi le jeune acteur dont la troupe exploitait en 1638 les bords de la Loire (1). Quoi qu'il en soit, Monchaingre resta sans doute à Stockholm jusqu'à l'abdication de Christine (6 juin 1654) et son départ de la Suède. C'est au retour de cette lointaine excursion qu'on le trouve à La Haye et dans les Pays-Bas, où Christine était allée elle-même arrivée à Anvers dès le 12 août 1654, venant de Munster et de Deventer, bien avant de se rendre à Paris.

(1) Ce n'est que par les dates du commencement de l'attache de Monchaingre à Christine, que cette question pourrait être résolue. Les lettres et les poésies de Chevreau renferment peut-être quelques renseignements sur les comédiens français de Christine.

L'équipée que nous révèle le désistement du 19 décembre 1657, nous montre qu'il avait les mœurs des comédiens de son temps (car il ne faut pas prendre à la lettre les tableaux de sainteté de Chappuzeau), et que Marthe Boisseau joua pendant quelque temps, aux dépens d'Angélique Meunier, le rôle de *serva padrona* auquel elle renonça certes à bon marché. Que devint l'enfant de Jean Monchaingre, née vers juillet ou août 1656 et qui, comme la Beauval, son aînée de près de dix ans, porte aussi, ce qui donne à songer, ce même nom de *Jeanne?* Cela reste encore à savoir. Toujours est-il que cet acte de 1657, tout en dépouillant tant soit peu Monchaingre de son caractère de père noble, nous permet de connaitre enfin une part de sa vie restée dans l'ombre jusqu'ici, et comble une importante lacune de son histoire.

Entre le comédien de la troupe du *Roman comique* et celui de la troupe de M. le Prince, il nous fait entrevoir le comédien de la reine de Suède, et lève un coin du voile qui couvrait ses pérégrinations en Hollande et dans les Pays-Bas.

TABLE DES MATIÈRES

Pages.

Avant-Propos... I-VII

CHAPITRE PREMIER.

La clef du *Roman comique*. — La troupe de comédiens mise en scène par Scarron. — La légende de cette troupe. Son identification avec la troupe de Molière par MM. Paul Lacroix, Fournel, Edouard Fournier, Moland. — Fausseté de cette légende. — Madeleine Béjart comparée à Mlle de l'Etoile. — Mme de Modène. Erreur sur son compte des historiens de Molière. — Les événements du *Roman comique* sont antérieurs aux pérégrinations de l'*Illustre théâtre*. — Le voyage de Scarron au Mans, en 1646, n'est qu'une passade. Sa lettre à Mme d'Hautefort. — La jeunesse de Scarron et le véritable temps de son séjour au Mans. — Date des origines du *Roman comique*. — Les rapports vrais de Scarron et de Molière. — Le testament de Scarron. — Le *Songe du resveur*.... 1

CHAPITRE II.

Les troupes de campagne au XVIIe siècle. — Leur nombre, leurs usages, leurs rapports avec les théâtres de Paris. — Voyage à la découverte de la troupe du *Roman comique*. — La troupe du duc d'Epernon. Les Béjart à Bordeaux. — La troupe du prince d'Orange. — Rapport des comédiens français avec la Hollande. — La troupe du Marais. — Voyages de Mondory en province. — La troupe du Marais dans le Maine. — Son protecteur, le comte de Belin, qui n'est autre que le marquis d'Orsé du *Roman comique*. — Preuves du goût du comte de Belin pour les comédiens, tirées de Tallemant des Réaux, des lettres inédites de Chapelain et de Scarron. — Charles Lenoir et sa femme. Renseignements sur ces acteurs trop peu connus du Marais. — Zacharie Jacob, sieur de Montfleury. — La méthode de critique naturelle. — Cercle des pérégrinations de la troupe du *Roman comique*. — Les comédiens dans l'ouest et dans le centre de la France sur les bords de la Loire. — Un trait de lumière dans le *Théâtre françois* de Chappuzeau. — La rencontre de Floridor et de Filandre, à Saumur, en 1638. — Portrait de Floridor. — Marguerite Baloré, sa femme. — Sa comparaison avec Destin. — Ce n'est qu'un faux sosie de l'amant de Mlle de l'Etoile... 28

CHAPITRE III.

Filandre à Saumur en 1638. — Tallemant des Réaux, en 1657, le met sur le même pied qu'un *garçon nommé Molière.* — Son rôle et sa troupe dans l'*Agésilan de Colchos* de Rotrou. — Son vrai nom de Jean-Baptiste de Monchaingre. — Rareté des renseignements donnés, dans ces derniers temps seulement, sur son compte. — Ses voyages en Hollande. Anecdote de Jeanne Olivier-Bourguignon, recueillie par Filandre. — Son mariage à Lyon avec Jean Pitel de Beauval. — Erreurs des frères Parfait et des autres historiens du théâtre. — Le prétendu Paphetin soi-disant différent de Filandre. — Une trinité de noms. La vérité sur le cas de Paphetin. Pourquoi ce nouveau surnom donné à Monchaingre? — Date précise du mariage de la Beauval à Lyon. — Vente des habits de théâtre de Filandre à Baron, en août 1670. Le billet de Rollet. — Filandre assiste au mariage d'une fille de la Beauval, en 1683, avec le titre d'*officier de M. le Prince.* Que veut dire cette qualité?... 48

CHAPITRE IV.

LES COMEDIENS DE M. LE PRINCE.

Voyage à la découverte de la troupe de M. le Prince. — Les comédiens de M. le Prince à Paris, en 1610, 1614, 1630, et à Dijon en 1632. — Les troupes de comédiens du faubourg Saint-Germain. — Les comédiens de Mademoiselle. — Eclipse des comédiens de M. le Prince dans la polémique contre Molière. — *L'impromptu de 'hôtel de Condé.* — Rôle de Condé vis-à-vis de Molière. — Les comédiens de M. le Prince sont une troupe de campagne jouant dans son gouvernement de Bourgogne. — Les comédiens de M. le Prince à Dijon en 1662. — Le théâtre à Dijon. Molière dans cette ville. — Les acteurs de la troupe de M. le Prince : Filandre, Henri Pitel, Longchamp, Durieu, etc. — Longchamp à Saint-Jean-de-Luz en 1660. Durieu et Beauval à Lyon en 1661. — Le théâtre à Lyon. — Les Villeroy protecteurs du théâtre. — Pièces et auteurs. — Les comédiens de M. de Villeroy à Lyon et à Dijon. — Les Villeroy protecteurs de Filandre et des Beauval. — Châteauneuf, autre comédien de la troupe de M. le Prince. Incertitudes sur son compte. Son rôle dans *la Fameuse Comédienne.* — La troupe de Filandre en 1667. — Départ en 1670 des Beauval et de Baron de la troupe de campagne où ils jouaient en Bourgogne. Quelle est cette troupe ? Est-ce celle de Filandre ? Non, c'est celle de Jean Deschamps, directeur de la troupe du duc de Savoie. — La troupe du duc de Savoie et le comédien Jean Deschamps de Villiers. — Les comédiens de M. le Prince après 1670. — Henri Longchamp. Ses pérégrinations en Angleterre et à Rouen. Mariage de sa fille avec Raisin. Entrée de trois comédiens de M. le Prince à la Comédie française. — Longchamp et sa famille. — Protection de M. le Prince à leur égard. — Les comédiens de M. le Prince à Dijon et à Lyon, jusqu'à la fin du siècle.................................. 63

CHAPITRE V.

Monchaingre dans la vie privée. — Jean-Baptiste, sieur de Monchaingre, dit Filandre, écuyer, seigneur de la Brosse, en Anjou. — Les révélations des registres paroissiaux de Brissac. — Mlle Angélique Meunier. — Filandre et sa femme sont le *Léandre* et l'*Angélique* du *Roman comique*. — Traits de ressemblance ; leur âge. — Les comédiens gentilshommes. Filandre gentilhomme campagnard. — Sa vie en partie double. — Protection des Brissac. — Filandre, concierge du château de Brissac. — Filandre, officier de M. le Prince en 1683. Est-il encore alors comédien ou simplement officier de M. le Prince dans sa baronnie de Trèves ? — Mort de Filandre et d'Angélique. — Angélique enterrée dans l'église de Brissac. — Comédiens inhumés dans les églises. — Portrait d'Angélique. — Le mari de la Caverne. — Monchaingre et la troisième partie du *Roman comique*. — Origine du nom de Filandre. — Incertitudes sur Destin et Mlle de l'Etoile. — La Rancune. Son portrait. — Le poëte comédien Roquebrune. — Ses sosies probables, le poëte Nicolas Desfontaines, etc. — Invitation à une enquête provinciale sur la troupe de Filandre.................. 105

APPENDICE.

I. — Le *Voyage de Guibray* et l'histoire de Filandre............. 129
II. — Les Comédiens de Mademoiselle.......................... 144
III. — Distribution des rôles d'*Agésilan de Colchos*.............. 157
IV. — Les Comédiens dans le Maine, à Bonnétable............... 159
V. — Un dernier renseignement sur Monchaingre................ 168

ERRATUM, page 150, ligne 9.

Après examen personnel de l'*Agésilan* du Rotrou de l'Arsenal, je lis *La Bare* et non Le Bari le nom de l'acteur chargé du rôle d'*Agésilan*, et *Hautefeuille* le nom de l'acteur jouant le personnage de *Brunéo*. Ce sont deux comédiens qui figurent, on l'a vu, tous deux à Lyon dans la troupe de Son Altesse royale le duc d'Orléans, le premier en 1649, l'autre dès 1644. L'acteur chargé du rôle d'*Arlandes*, confident de *Florisel*, s'appelle aussi *La Bare*; c'est sans doute le comédien qui se trouvait à Hambourg en 1676 et dont il est question dans la *Relation d'un voyage de Copenhague à Brême*, en vers burlesques.